LOUIS DESNOYERS

PARIS
J. HETZEL ET Cie, LIBRAIRES-ÉDITEURS
18, RUE JACOB, 18

LES MÉSAVENTURES
DE JEAN-PAUL CHOPPART

AVENTURES
DE
JEAN PAUL CHOPPART.
178e. EDITION
C.L. MATTHIS, LITH.
GILLOT SC.

LES MÉSAVENTURES

DE

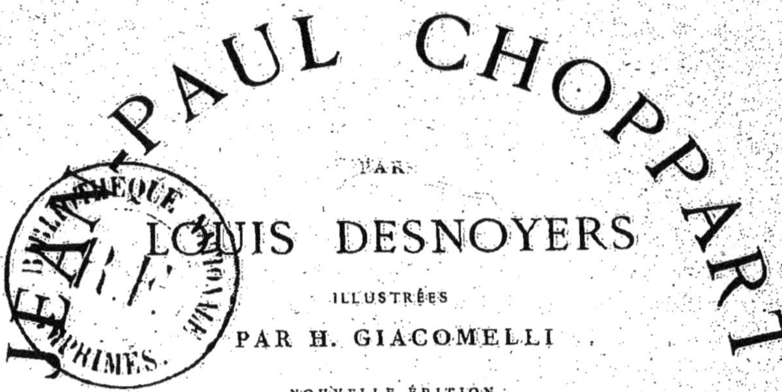

JEAN-PAUL CHOPPART

PAR

LOUIS DESNOYERS

ILLUSTRÉES

PAR H. GIACOMELLI

NOUVELLE ÉDITION

AVEC GRAVURES HORS TEXTE PAR CHAM

PARIS

BIBLIOTHÈQUE DE RÉCRÉATION

J. HETZEL ET Cie, LIBRAIRES-ÉDITEURS

18, RUE JACOB, 18

PRÉFACE

Voici un livre qui a conquis sa place, parmi les classiques de la récréation contemporaine, par des mérites tout à fait particuliers, et qui, à ce titre, manquait à notre collection. Jean-Paul Choppart a fait la joie, je devrais dire la jubilation de tout ce qui était enfant, il y a trente ans.

Il est peu de bambins, depuis 1830 jusqu'à nos jours, qui ne l'ait lu avec un entraînement voisin de la passion. Il est du petit nombre de livres destinés à l'enfance, dont le succès n'étonne pas quand on le relit dans l'âge mûr. Il est écrit avec une vivacité, une verve, une abondance, un entrain, une franchise d'allure à la fois sérieuse et bouffonne, qui ne sont pas d'ordinaire ce qui distingue la littérature enfantine. Jean-Paul Choppart, en effet, ne sort pas comme tant d'autres du laboratoire d'un confiseur. Ce n'est pas un de ces livres trop doux, un de ces livres d'une bénignité, d'un patelinage fade, qu'une école, qui n'est pas la bonne, a amoncelés autour du jeune âge. Il ne rappelle en rien cette tisane littéraire qu'on verse d'ordinaire par petites cuillerées dans l'esprit des enfants. C'est, tout au contraire, une sorte de petit torrent accommodé à leurs forces, où l'auteur les baigne hardiment, où il les plonge d'une main alerte et sûre, où il les retient palpitants entre l'inquiétude et le rire jusqu'à ce que le bain ait produit son bon effet. L'histoire de Jean-Paul Choppart, en un mot, n'est pas l'éternelle histoire de cet enfant bien sage qu'on propose depuis si longtemps pour modèle aux jeunes générations; c'est l'histoire d'un petit drôle, paresseux, volontaire, étourdi, présomptueux et égoïste, que son goût pour les escapades défendues jette dans tant et de si mirobolants désagréments, qu'à la fin il est bien obligé de se dire avec le lecteur, que la sagesse vaut décidément mieux que la folie et qu'il est mille fois plus fatigant de ne rien faire ou de faire des sottises que de travailler et de se bien conduire.

L'enfant est pris là sur le vif par le côté le plus agité de sa nature. C'est le livre des turbulents écrit par un homme qui les connaît à fond, qui a compris que le remède aux défauts de l'enfance est le même que le remède aux défauts de la virilité, et qui sait, par conséquent, que l'expérience des faits, l'expérience personnelle est la plus efficace des leçons. M. Louis Desnoyer moralise moins qu'il n'agit. Il cache sa leçon dans l'action, mais c'est pour l'en faire sortir avec une telle vivacité qu'elle éclate aux yeux des plus aveugles et frappe les plus endurcis. Sa méthode est celle du bourru bienfaisant qui secoue celui dont il veut être entendu au lieu de l'endormir.

L'édition que nous donnons aujourd'hui, revue avec soin par l'auteur, rajeunie et débarrassée, en vue des générations actuelles, de ce qui avait pu vieillir dans le livre primitif, fournira une nouvelle et brillante carrière, nous n'en doutons pas. Un crayon habile et merveilleusement disposé, le crayon gai et fin de M. Giacomelli l'a semée de croquis nombreux et charmants qui ajouteront à son succès. Ce sera, nous l'espérons, l'édition définitive, l'édition préférée, la seule qui, jusqu'à ce jour, réunisse à la qualité nécessaire du bon marché celle d'une exécution typographique irréprochable.

J. HETZEL.

LES MÉSAVENTURES

DE

JEAN-PAUL CHOPPART

CHAPITRE I.

Enfance de Jean-Paul. — Son portrait physique et moral. — Effroyable récit de ses premières méchancetés. — L'orage éclate sur le dos de Jean-Paul. — Sa fuite. — Première conséquence de cette coupable désertion.

Jean-Paul appartenait à une famille d'honnêtes bourgeois. Il avait des sœurs, ce qui était très-malheureux pour elles; mais il n'avait pas de frères, ce qui était très-heureux pour eux.

Jean-Paul était fainéant, gourmand, insolent,

taquin, hargneux, peureux, sournois. Je n'en finirais pas si je voulais donner la liste complète de tous les petits défauts qui distinguaient Jean-Paul, un des mauvais sujets les mieux conditionnés dont l'histoire des enfants célèbres puisse nous léguer le souvenir. Non pas qu'au fond du cœur il fût essentiellement méchant, ni que, après avoir fait le mal, il ne fût susceptible de comprendre qu'il avait mal fait, surtout quand on le fouettait pour lui mieux expliquer la chose; mais s'il était corrigible, ce ne pouvait être qu'avec le temps et par de grandes adversités.

Nous verrons quelles furent les épreuves qu'eut à subir Jean-Paul durant ses longues escapades. Tel est le but de cette histoire, que nous avons dû diviser par chapitres, parce qu'il nous a plu ainsi.

L'extérieur de Jean-Paul révélait son caractère désordonné. L'enseigne n'était pas menteuse, cette fois. Ses cheveux étaient toujours ébouriffés et parsemés de brins de paille; ses mains gantées de plusieurs

L'extérieur de Jean-Paul révélait un caractère désordonné.

couches de crasse, dont la plus ancienne remontait certainement fort loin dans le cours des temps; ses traits, sillonnés de balafres d'encre; ses yeux, habituellement pochés, et il était extrêmement rare qu'il se fût mouché. Quant à ses vêtements, à peine notre héros les avait-il endossés depuis un jour, qu'ils étaient sales, déchirés, mal portés; sa redingote était veuve de boutons; son pantalon tenait à peine, en l'absence des bretelles, dont il avait ôté les élastiques pour en faire des projectiles, et d'ordinaire il était terreux à l'endroit du genou. Enfin, ses bas lui retombaient sur les talons, et il ne portait jamais ses souliers qu'en pantoufles.

Mais ce qui, bien plus que le reste, faisait de Jean-Paul un enfant tout à fait maussade, c'était sa conduite malicieuse envers et contre tous. Jean-Paul semblait n'avoir d'autre plaisir que le déplaisir des autres. Aux tours inventés avant lui, il en ajoutait de sa façon, lesquels prouvaient un génie bien méchamment inventif. C'est ainsi qu'au collége il battait les plus petits, pour lever sur leur estomac, au profit du sien, des impôts de pommes, de poires, de cerises, et même de morceaux de pain, si sa part de goûter ne lui suffisait pas; mais, pour le moins, règle générale, comme il aimait la croûte, il usurpait toujours la leur, et les réduisait, les malheureux, à ne manger que la mie !

Il les contraignait à lui composer ses thèmes et ses versions. Aussi était-il fort ignorant pour son âge.

Et puis il mettait de la poudre de bois dans la tabatière du professeur; il attachait un chien à la corde de la cloche; il tendait, la nuit, des ficelles qui allaient d'un lit à l'autre, dans toute la largeur du dortoir, de manière à faire trébucher les surveillants de ronde; et, pour tant de hauts faits, il laissait froidement punir ses camarades; ce qui arrivait toujours, car son air hypocrite le mettait à l'abri du soupçon.

Cela lui semblait un excellent tour; comme aussi de souffler à faux quelqu'un de ses condisciples, de le faire rire quand il ne fallait pas, et de lui brouiller la mémoire par quelque poussée, quelque bruit, quelque grimace, au moment de la récitation.

Il excellait encore à prendre des mouches et à les atteler à un petit char en papier; ou bien des hannetons, qu'il ornait d'une ribambelle et lâchait tout à coup au travers de la classe; ou bien encore des *jardinières*, qu'il pressait entre le pouce et l'index pour les faire crier au milieu du silence.

Il ne mettait pas moins d'adresse à cingler les passants, au moyen d'une seringue qu'il avait emplie d'encre, et qu'il ajustait contre eux de derrière la grande porte d'entrée, par le trou de la serrure.

Il en mettait beaucoup aussi à retirer vivement la plume qu'un de ses condisciples pouvait tenir entre ses lèvres, ce qui les lui abreuvait d'encre.

Pour ce qui est des livres, on aurait pu former une bibliothèque des rudiments, des dictionnaires et des autres classiques qu'il dérobait, maculait, déchirait.

Et puis, les jours de sortie, quand il se promenait par la ville, à la tombée de la nuit, Jean-Paul se donnait beaucoup de joie à enfoncer, d'un coup de tête, des châssis de boutiques, pour crier à travers : « Hé ! quelle heure est-il ? » et se sauver ensuite; ou bien encore à frapper rudement aux portes des maisons, à en salir les marteaux, à en casser les vitres, à en barbouiller les enseignes, et à poursuivre à coups de pierres les chiens et les chats du quartier.

Enfin, durant les vacances, qu'il passait chez son père, il n'était sorte de combinaisons diaboliques dont il ne s'ingéniât. Valets, amis, parents, tout le monde avait à s'en plaindre. Il rossait ses camarades, et, pour le pouvoir faire sans nul danger, il avait toujours soin de les choisir plus faibles que lui et de bonne composition.

Il pleurait quelquefois sans sujet, pour faire gronder les domestiques.

Il pinçait ses jolies petites sœurs, faisait de faux rapports contre elles, déchirait leurs parures et cassait leurs poupées.

C'était une désolation générale.

Mais ce qui peut surtout vous donner une juste idée de la perversité de cette jeune âme, c'est que... je frémis de le dire!... c'est que Jean-Paul Choppart avait déjà des dettes!

Oui!

Il devait trois sous à la marchande de gâteaux, deux sous à l'épicier du coin, homme trop crédule! et cinq sous au marchand de billes, espèce d'usurier qui ne rougissait pas de spéculer sur le jeune âge et l'inexpérience de Jean-Paul. Que sais-je encore?

Et tout cela, tout cela, à neuf ans et demi!

Aussi la conduite de Jean-Paul Choppart était-elle citée comme une effrayante leçon aux enfants du voisinage, et malheureusement il s'était trop bien acquis cette réputation, qui le rendait la terreur du pays.

Les domestiques eux-mêmes en étaient déjà venus à dire : « Ma foi! notre petit monsieur n'est pas des

plus aimables! » Cette audace de l'antichambre prouve à quel degré d'exaltation était parvenu le mécontentement universel.

L'horizon de Jean-Paul se couvrait donc de nuages. Tout annonçait que la trombe de reproches, de remontrances et de corrections, qu'il accumulait sur sa tête depuis neuf ans et demi, éclaterait enfin.

Elle éclata.

Un jour, en effet, par une permission bien évidente de la Providence, qui voulait que Jean-Paul fût à la fin démasqué, il osa faire remonter jusqu'à son respectable père cette manie de détestables niches : il s'avisa de bourrer de sciure de bois le fusil paternel ; si bien que le fusil rata vingt fois de suite sur le plus beau lièvre qu'on puisse imaginer.

Ce même jour, ce qui peut-être est pis encore, il manqua d'étouffer l'aînée de ses petites sœurs, et de faire mourir la cadette de faim.

Ce n'était point trop mal d'une seule fois.

« Pauline, dit-il à la première, viens donc voir comme on est bien dans cette armoire ! viens donc te mettre dedans ! »

Et Pauline, qui était une petite fille extrêmement curieuse, accourut sautillant, et se plaça bien vite au fond de la délicieuse armoire.

Aussitôt Jean-Paul en poussa la porte, et Pauline fut enfermée à clef dans cette boîte de sapin, sans lumière, sans espace et sans air !

Pauline eut peur, d'autant plus que Jean-Paul lui criait, de sa grosse voix, des histoires de voleurs, et qu'à la suite de longs silences, il frappait tout à coup contre le bois de l'armoire : *pan! pan! pan!* et poussait des *hon! hon!* à faire dresser les cheveux sur le front même d'une grande personne.

Pauline pleura, sanglota, cria : « Mon frère! mon petit frère! ouvre-moi donc! j'étouffe! je n'en puis plus! » Et en disant cela d'une voix de plus en plus faible, elle heurtait et trépignait; mais vainement : personne ne l'entendait. Les valets, que, par de faux rapports, Jean-Paul avait fait renvoyer l'instant d'auparavant, étaient en train de ficeler leurs paquets. Ils

se souciaient peu d'ailleurs du tapage et des cris dans une maison où, grâce à Jean-Paul, les cris et le tapage étaient choses d'habitude.

Quant à ce dernier, il avait, ma foi! bien autre chose à faire que de rendre la liberté, la vie peut-être à la pauvre petite : il était sérieusement occupé à dévorer les confitures de Laure, son autre petite sœur.

Cependant madame Choppart venait de rentrer avec son mari. Ils entendirent enfin les sanglots de Laure, qui avait la faimvalle, et les cris de Pauline, qui cessa bientôt de crier.

On accourut. Mais la clef! où est la clef! la clef de l'armoire?

Jean-Paul l'avait ôtée et mise en poche, ce dont il n'osait convenir.

Force fut donc d'enfoncer la porte, et l'on retira de son cachot la pauvre enfant, qui ne disait plus rien.

Elle était évanouie, asphyxiée, presque morte.

Ce fut alors qu'éclata la tempête qui grondait depuis si longtemps.

M. Choppart prit d'une main son fils, et de l'autre sa baguette de fusil, souple et cinglante baleine.

Je vous laisse à penser l'heureux usage qu'il fit des deux.

Il fit bien.

Quand il eut fini, comme Jean-Paul refusait un

Il osa, le malheureux, la menacer de son poing.

seul mot de repentir, et ne répondait à chaque remontrance que par des : *Non! non!* seule réponse qu'en pareil cas on pût jamais obtenir de lui, M. Choppart voulut recommencer, mais Jean-Paul parvint à l'éviter et s'enfuit à toutes jambes.

Quand il fut seul dehors, il s'assit sur un tas de pierres, en face de la maison paternelle, qu'il osa, le malheureux, dans un mouvement de colère, menacer de son poing!

En ce moment, il en vit sortir son père, et, croyant reconnaître en sa main la cinglante baleine, au lieu de courir au-devant de lui, de tomber à ses genoux et de lui demander pardon, ce qu'un enfant mieux doué n'eût pas manqué de faire, Jean-Paul reprit sa course en sens contraire, et ne s'arrêta plus qu'au milieu de la campagne.

C'est ici, à justement parler, que commencent les mésaventures de notre héros. Mais il fallait d'abord vous initier à ses premières fautes, à celles qui le précipitèrent dans les nombreux accidents par lesquels il devait expier sa coupable conduite.

« Ah bah! » se disait d'abord Jean-Paul en courant à travers champs (car c'était toujours ainsi que procédait sa mauvaise humeur); « ah bah! je ne retournerai certes point dans cette baraque-là! » (La maison de son père!) « Une baraque où l'on ne peut seulement pas rire sans que tout de suite on vous fasse la moue! où il faudrait ne pas remuer le bout du doigt, et travailler toute la journée! Ah bah! je veux m'amuser, moi! Je veux être libre, moi! Je veux rire si j'en ai envie, moi! Je n'ai besoin de personne pour vivre, moi! J'ai de l'argent, moi! J'ai huit sous dans ma poche, moi! Je veux me donner du plaisir, pour les vexer, moi! et surtout je ne veux pas travailler, moi! »

Tels étaient les projets que Jean-Paul roulait dans sa tête. Il sautait, courait, chantait, sifflait, faisait la roue, pour s'étourdir sur les inconvénients réels de son escapade; car, à défaut du remords, contre lequel son cœur était encore trop endurci, la faim commençait à le tourmenter cruellement : les confitures de Laure étaient passées depuis longtemps, et l'exercice et le grand air n'avaient fait qu'en hâter la digestion.

Quand cette digestion fut complète, Jean-Paul, qui, en toute circonstance, était fort docile aux conseils de son estomac, songea naturellement à revenir au logis, comme l'Enfant prodigue. Il reprit, avec hésitation, le chemin de la maison paternelle; puis il s'arrêta, rétrograda, revint, pointa ses yeux sur le lointain, espérant y découvrir quelque ambassadeur de sa famille, chargé de venir négocier la paix avec lui; puis, ne voyant personne, il se prit à verser de grosses larmes; non point de ces douces larmes que fait couler le repentir, mais de ces larmes brûlantes que le dépit arrache; enfin, il poussa tout à coup un grand éclat de rire, un de ces rires effrayants comme en poussent les démons, s'il faut en croire ceux des écrivains de nos jours qui ont eu l'occasion de les entendre.

Quelle était la cause de cette joie subite?

La vue d'un cerisier dont le vent balançait près de là les branches toutes rouges de fruits.

« Non! » s'écria Jean-Paul, dont cette vue ranimait l'entêtement; « non, je n'ai besoin de personne, moi ! Ah bah ! décidément, je veux m'en aller pour toujours, moi ! Je veux faire le tour du monde, moi ! »

Et en parlant ainsi, il franchissait la haie qui le séparait de l'arbre.

Qu'allait-il commettre encore? une méchante action, un crime, un vol ! Il eût pu acheter des cerises, car la maisonnette du propriétaire était voisine; mais les cerises lui parurent devoir être bien meilleures s'il les prenait : c'était sa morale habituelle en matière de comestibles.

Il grimpa donc sans hésiter; mais la punition de cette nouvelle faute ne se fit pas longtemps attendre. A peine avait-il goûté de ce fruit défendu, que la branche sur laquelle il s'était posé, au plus haut du cerisier, se rompit bruyamment. Jean-Paul dégringola de branche en branche jusqu'à la plus basse, au bout de laquelle il resta suspendu par la basque de son habit, tête en bas, pieds en l'air, meurtri, déchiré, et, pour comble de punition, affamé comme auparavant.

C'était mal débuter dans un voyage autour du monde.

CHAPITRE II.

Comment Jean-Paul fut remis dans une attitude plus normale. — Portrait du père Roquille. — Son chien Pataud. — Arrestation de Jean-Paul. — Son différend avec Pataud. — Il est conduit à la mairie du village voisin. — Comparution de Jean-Paul par-devant l'autorité municipale. — Sa condamnation solennelle.

On peut dire, sans être trop exigeant, qu'il est dans la vie des situations plus agréables que celle où nous avons laissé notre maraudeur.

Une circonstance augmenta bientôt ses angoisses. Comme il faisait quelques vains efforts pour s'accrocher des mains à la branche voisine, et reprendre, au moyen de cet appui, une position moins dangereuse, il entendit craquer l'étoffe de son habit. Un mouvement de plus, et Jean-Paul fût tombé de cinq pieds de haut, la tête la première, sur un tas de petites pierres pointues qui se trouvaient amoncelées au bord de la grande route. Sa vie, c'est bien le cas de le dire, ne tenait plus qu'à un fil.

C'est dans ce triste état qu'il fut aperçu par le garde champêtre. Ce fonctionnaire public, en faisant sa tournée habituelle, remarqua quelque chose d'in-

forme qui pendait à une branche de ce risier. Cela lui parut fort extraordinaire, car un garde champêtre est assez versé en horticulture pour savoir que les cerisiers ne portent pas des fruits de cette espèce. Il s'approcha donc et s'assura que c'était un enfant.

« Ah! ah! » cria-t-il à Jean-Paul, « je te tiens donc, petit escamoteur! Tu aimes les cerises, à ce qu'il paraît!... Ce n'est pas défendu, mon garçon; au contraire : c'est très-rafraîchissant; mais de les voler, c'est autre chose! Allons, dépêche-toi de descendre; nous avons à compter ensemble! »

L'invitation pouvait paraître d'autant moins engageante, que le garde champêtre était armé de son sabre et suivi d'un gros chien, lequel tournait, sautait, hurlait au-dessous du malheureux Jean-Paul.

« Mon brave monsieur, » cria piteusement ce dernier, « ne me faites pas de mal, je vous en prie! »

« Nous verrons, » répondit le garde champêtre. Commence par descendre. Nous nous expliquerons ensuite. Je n'aime pas à causer avec les gens qui ont les pieds à la place de la tête.

« Mais je ne peux pas descendre, » répliqua Jean-Paul, qui se trouvait en effet dans l'impossibilité de faire aucun mouvement, sans risquer de déchirer tout à fait la basque de son habit, et de faire une terrible chute.

« Ah! tu ne peux pas? » reprit le garde; « attends, attends; je vas bien te faire pouvoir, moi! »

En disant cela, il monta sur le gros tas de pierres et leva le bras vers Jean-Paul.

Je dis le bras, car c'était un vieux militaire qui avait laissé deux de ses membres, un bras et une jambe, à la bataille de Wagram; mais, de la seule main qui lui restait, il décrocha Jean-Paul aussi facilement qu'il eût fait d'une plume. Il l'agita un moment en l'air, en lui adressant quelques rudes paroles; après quoi il le déposa à terre, plus mort que vif, non sans avoir, par précaution, imposé silence à Pataud.

Jean-Paul s'était cru serré dans un étau; il avait pensé que c'était fini de lui; mais quand il se retrouva sur ses pieds, sain et sauf, et qu'il vit que le garde ne tirait pas son grand sabre pour lui couper la tête, ainsi qu'il l'avait craint d'abord, il reprit un peu de son impertinence, et répondit, d'un ton mutin, qu'il ignorait pourquoi on le traitait ainsi.

« Pour t'apprendre à voler des cerises !

— Je ne volais pas de cerises.

— Ah ! tu ne volais pas de cerises?... Pourquoi donc étais-tu monté sur ce cerisier ?

— Je ne sais pas..., pour me promener... Je suis bien libre de me promener, peut-être ! Cela ne vous regarde pas, vous ! Je ne vois pas pourquoi vous voulez m'empêcher de m'amuser, moi ! Vous n'avez pas le droit de me faire du mal, vous !

— Je ne t'ai pas fait de mal, petit drôle !

— Si, vous m'en avez fait !

— Ah ! tu prétends?... Eh bien ! pour t'empêcher de mentir, je vas te tirer les oreilles. Tiens ! diras-tu encore que je t'ai fait du mal ?

— Voulez-vous bien me laisser, ou je vas vous donner des coups de pied !

— Oui-da ! tu le prends sur ce ton, mauvais garnement !... Tant pis pour toi ! Je voulais te lâcher après t'avoir donné cette leçon ; mais puisque tu mens, puisque tu fais l'insolent et le tapageur, tu vas me suivre chez M. le maire. Allons, pas accéléré, en avant, arche !

— Je n'y veux pas aller, moi! Voulez-vous bien me lâcher, vous ! Je le dirai à papa, moi ! »

Le malheureux osait invoquer la protection de son père, dont, quelques heures auparavant, il avait méprisé la sainte autorité !

« Allons ! allons ! » continua le garde champêtre, « pas tant de façons, ou je recommence la correction ! »

Cette menace, corroborée d'un geste peu équivoque, produisit un excellent effet sur les jambes de Jean-Paul.

Le père Roquille (c'était le nom du garde) était un excellent homme; mais sa figure, noircie par le soleil, balafrée de deux grands coups de sabre, ornée de deux grosses moustaches grisonnantes, et surmontée d'un bonnet de coton blanc et d'un vaste chapeau à cornes posé un peu de travers; sa figure, ainsi faite, avait quelque chose de très-rébarbatif.

Au détour de la première maison du village, le

garde champêtre s'étant arrêté pour offrir une prise de tabac au maréchal ferrant du pays, Jean-Paul jugea l'occasion favorable pour recouvrer sa liberté, et, preste! le voilà qui s'élance.

Mais il n'avait pas fait vingt-cinq pas, que Pataud l'arrêtait brusquement par le fond de son pantalon;

Jean-Paul se sentit même légèrement pincé, et se garda dès lors de faire la moindre résistance, car il lui parut évident que Pataud ne demandait qu'un prétexte pour le pouvoir pincer plus fort.

« Tout beau, Pataud! tout beau! » cria le père Roquille, qui avait rejoint son prisonnier. Et, s'adressant à celui-ci, il lui dit, de ce ton goguenard qui le déconcertait cruellement :

« Ah! ah! mon garçon, Pataud prétend que vous voulez nous quitter? Mais c'est très-mal, ça!

Est-ce qu'on s'en va ainsi sans saluer la société ? »

Jean-Paul était pâle de dépit.

Cependant, sa présence avait mis tout le monde en émoi. Une arrestation était un grave événement dans un petit village. Les hommes se rangeaient pour le voir passer, et lui adressaient de gros quolibets ; les femmes se mettaient aux fenêtres ou accouraient sur le seuil de leurs maisons ; et chacun se livrait tout haut à mille conjectures.

« C'est un voleur ! disait l'un.

— C'est un incendiaire ! disait l'autre.

— C'est un faux-monnayeur ! disait un troisième.

— C'est peut-être lui qui a arrêté la diligence cette nuit ! criait celle-ci.

— Oh ! le petit monstre ! ajoutait celle-là ; il en est bien capable. Être si jeune, et s'être déjà rendu assez criminel pour qu'on le mène en prison ! Quelle horreur !

— Au surplus, disait tout le monde, on voit bien, à sa figure seule, que ce doit être un scélérat ! »

C'est qu'en effet, quoique sa figure fût naturellement assez belle, à la physionomie près, laquelle était sournoise et malicieuse, Jean-Paul paraissait affreux en ce moment. Ses habits étaient en lambeaux, son col de chemise était froissé, et son gilet tout large

ouvert, faute de boutons. Il était obligé, en outre, de retenir d'une main son pantalon, qui menaçait de le laisser en route, les bretelles s'étant rompues dans sa chute; enfin, il traînait les pieds en marchant, car ses souliers sans cordons lui tenaient à peine, et il avait rabattu son chapeau sur ses yeux pour dérober le plus possible de sa figure à l'investigation des curieux. En vérité, il faisait peur à voir, et son extérieur justifiait suffisamment tout ce qu'on pouvait supposer de pis.

Pour augmenter l'éclat de cette entrée triomphale, tous les chiens du village se mirent à aboyer autour

de lui, à l'unisson de Pataud, qui gambadait, tout fier du prisonnier qu'il avait fait.

Les petits enfants, de leur côté, suivirent Jean-Paul en riant.

Jean-Paul eût voulu être à cent pieds sous terre, tant il avait de honte, de colère, et surtout d'impuissance à se venger.

Ce fut à travers ces huées, ces hurlements, ces taquineries, et au milieu de ce brillant cortége, qu'il arriva à la mairie.

La foule resta en dehors, mais Jean-Paul put l'entendre longtemps encore qui ricanait de lui.

M. le maire fit bientôt son entrée dans la salle du conseil, où l'on avait conduit Jean-Paul.

Le vénérable magistrat s'assit gravement dans son grand fauteuil de cuir, le corps orné d'une large écharpe.

C'était un de ces hommes qui apportent, jusque dans leurs moindres actions, une parfaite solennité. Son aspect était fort imposant.

Ce digne représentant de l'autorité posa sur le prisonnier un œil fixe et sévère, tandis que le garde champêtre lui rendait compte des circonstances de l'importante capture.

Le secrétaire était là, écrivant tout sur son livre.

Voyez, mes jeunes lecteurs, quelles terribles conséquences peut avoir, pour l'avenir, la faute même la plus légère! Voilà que, sur un gros registre, — un registre de papier timbré, qui se conservera pendant des siècles, jusqu'à ce qu'il tombe aux mains d'un futur épicier, — il est écrit que Jean-Paul a commis un vol! C'est en vain que Jean-Paul aura pu expier, au moyen d'une conduite régulière, les égarements de sa première enfance : les personnes indulgentes pourront oublier cela, mais ses ennemis s'en souviendront ; et qui sait si, pour l'affliger, ceux-ci ne lui diront pas, même dans cinquante ans : « Va donc ! on sait bien ce que tu as fait autrefois ! Il est écrit là-bas, dans les archives de la mairie, que tu as volé des cerises ! »

Que cet exemple vous engage à éviter jusqu'à l'apparence du moindre tort, afin que votre avenir n'ait point à rougir du passé.

Quand le procès-verbal fut rédigé, M. le maire demanda à Jean-Paul s'il reconnaissait la vérité des faits qui s'y trouvaient consignés. Jean-Paul répondit effrontément, en se grattant la tête à tour de bras, en faisant la moue, et en se dandinant de droite à gauche : « Ce n'est pas vrai ! » ce qui était ajouter un mensonge à sa première faute.

Cette audace n'aboutit qu'à augmenter la sévérité du juge. Ce dernier lui demanda alors le nom et la demeure de ses parents. Jean-Paul hésita un moment ; puis, sans prévoir les conséquences de ce nouveau mensonge, il répondit bêtement : « Je ne sais pas ! »

M. le maire fut indigné de l'impudence de Jean-Paul et lui dit :

« Prévenu, réfléchissez, je vous y engage, aux suites que peut avoir votre obstination. Vous vous êtes rendu coupable d'une méchante action, sans doute, en attentant à la propriété d'autrui; mais mon intention est moins encore de vous punir que de vous corriger. Comme j'ai lieu de penser que la leçon est assez forte, je ne veux point vous traiter avec toute la rigueur que mériterait votre forfait. Je ne veux pas, d'ailleurs, affliger l'honnête famille à laquelle j'aime à croire que vous appartenez. Faites-moi donc l'aveu de votre faute; dites-moi que vous vous en repentez, et enfin, nommez-moi vos parents. Satisfait de vous avoir rappelé dans la voie du devoir, je donnerai ordre aussitôt qu'on vous reconduise auprès d'eux. »

Cette allocution, pleine d'indulgence et de raison, eût touché le cœur de tout autre enfant. Le père Roquille en fut ému lui-même : on le vit se cacher derrière son chapeau à cornes pour essuyer une grosse larme qui venait de tomber sur sa moustache grise.

Jean-Paul resta seul insensible. L'idée même d'être rendu à ses parents, d'être obligé de faire acte de soumission, ou d'être encore grondé par eux; cette idée, qui eût dû le combler de joie, le confirma au contraire dans sa funeste opiniâtreté.

« Je ne sais pas, » répéta-t-il.

M. le maire renouvela sa question pour la troisième fois avec une bienveillance toute paternelle, et attendit quelques moments la dernière réponse du prévenu, afin de lui laisser le temps d'y réfléchir mûrement.

Jean-Paul garda le silence.

M. le maire, se levant alors, prononça, d'une voix émue, ces paroles solennelles :

« Prévenu, attendu qu'il résulte de vos réponses, que vous ne connaissez ni le nom ni la demeure de vos parents, et que, par conséquent, vous êtes sans asile et sans moyens d'existence, délit prévu et puni par la loi, je me vois dans la douloureuse nécessité de vous considérer comme vagabond, de vous faire conduire provisoirement dans la prison du village, et de vous expédier ensuite, sous l'escorte de la gendarmerie royale, au chef-lieu du département, où vous serez traduit, sous prévention de vagabondage, devant le tribunal de police correctionnelle. »

Les mots fatals de prison, de gendarmerie et de police correctionnelle firent tressaillir Jean-Paul, et je crois que dans sa frayeur il eût fini par tout avouer ; mais il n'était plus temps : M. le maire s'était déjà retiré, et il ne restait plus que le garde champêtre, qui se disposait à exécuter la sentence; car le père

Roquille cumulait les fonctions de geôlier avec celle de garde champêtre.

« Allons ! » dit-il au petit vagabond, qu'on eût cru frappé de paralysie et d'imbécillité : « quand nous

resterions planté là comme une bûche en terre, cela n'avancerait à rien. Le vin est tiré, mon garçon, il faut le boire ; je ne connais que ça ! Tant pis pour vous s'il est un peu amer ! c'est votre faute, vous l'avez voulu. Or donc, au violon, pas accéléré, en avant... arche ! »

Le père Roquille prit le bras du condamné, qui se

laissa emmener sans plus de façon qu'un automate; mais de nouvelles huées l'attendaient à la porte et le tirèrent de sa stupeur. Il essaya de se roidir contre la honte qui l'entourait; il se donna des airs d'insouciance; il rit, chanta et répondit aux quolibets par d'autres quolibets; mais tout cela était gauche et forcé, et il y avait bien de l'amertume sous cette joie apparente.

Les scènes de ce genre sont malheureusement fréquentes sur de plus vastes théâtres, et les fastes de la justice nous apprennent souvent que de grands coupables ont marché d'un pied ferme au châtiment. C'est une erreur : il n'y a pas d'héroïsme possible dans l'infamie. L'insouciance, en pareil cas, n'est qu'un masque insolent derrière lequel le condamné cherche à cacher son ignominie. Le crime ainsi peut avoir son hypocrisie, comme la vertu la sienne. Il ne faut pas croire à ces forfanteries de cour d'assises, de bagne et d'échafaud. Qu'on pénètre d'une seule ligne sous cette mensongère insensibilité, la honte sera toujours d'autant plus poignante au cœur du misérable, qu'il fera plus d'efforts pour la couvrir, aux yeux de la foule, des faux semblants d'une ignoble gaieté.

« Nous y voilà, mon jeune anthropophage de

cerises! » dit enfin le père Roquille, en introduisant son captif dans une espèce de cabane qui dépendait de sa maisonnette. « Il y fait peut-être un peu sombre, mais cela vous blanchira le teint : vous en avez besoin. Vous serez d'ailleurs fort tranquille ici : rien ne troublera vos réflexions; et peut-être que, à force d'y songer, vous finirez par vous rappeler le nom de monsieur votre papa. »

A ces mots, le père Roquille sortit, poussa la porte, qui cria lourdement sur ses gonds rouillés, et fit résonner aux oreilles de Jean-Paul le double cric-crac de la grosse serrure.

CHAPITRE III.

La prison. — Nuit affreuse que passe Jean-Paul sur la paille humide des cachots. — Une tête sans corps lui apparaît. — Qu'est-ce?

Quand Jean-Paul se vit seul, il s'abandonna à tout l'emportement de sa colère : il pesta, cria, blasphéma ; il mit en poudre sa cruche ; il renversa son petit banc : c'étaient les deux seuls meubles qui ornassent sa prison ; il frappa de grands coups de pied dans la muraille ; puis il grimpa jusqu'à l'œil-de-bœuf, son unique fenêtre, et, passant péniblement sa tête entre les barreaux de fer qui la garnissaient, il fit de là ses plus laides grimaces à la troupe d'enfants qui étaient restés dans la rue, et qui l'assaillirent d'un redoublement de moqueries.

Ce qu'il y eut de plus cruel pour Jean-Paul, c'est que, l'instant d'après, il ne put qu'avec beaucoup de peine retirer sa tête d'entre les barreaux où il l'avait glissée, et qu'il resta forcément exposé aux insultantes risées de la foule.

Aussi, quand il fut parvenu à se dégager, non sans écorchures aux oreilles, se lança-t-il comme un furieux au travers de la chambre. Il alla, vint, courut, cherchant d'un œil égaré quelque chose de facile qu'il pût lancer à ses railleurs; et, n'ayant trouvé rien, il se jeta, en grinçant des dents, sur la botte de paille qui devait lui servir de lit; il frappa du poing, hurla, s'agita en tout sens; enfin, n'ayant réussi qu'à se donner à lui-même quelques douloureuses taloches, il se prit à pleurer de rage,

mais à pleurer si abondamment, que cela le calma un peu.

Ce fut en ce moment que le père Roquille vint lui apporter sa première ration de vivres; repas non savoureux, qui consistait en un morceau de pain bis.

« Allons, allons ! » dit-il au prisonnier, sur la face de qui l'extrême abattement avait remplacé déjà l'extrême exaltation; « je vois avec plaisir, mon garçon, que vous êtes plus tranquille maintenant. Oh ! je ne demande pas un mois pour que vous soyez très-attaché à votre nouveau domicile.

— Un mois ! s'écria Jean-Paul, que ce mot tira de sa rêverie.

— Hélas ! oui, mon jeune farceur. A moins toutefois qu'avant l'arrivée de la gendarmerie et votre transfèrement au chef-lieu, vous vous ressouveniez enfin du nom de monsieur votre papa. Vous le rappelez-vous déjà un peu, le nom de monsieur votre papa ?... Non ?... Allons, cherchez bien, ça viendra.

En attendant, voici votre souper. Il n'est pas très-friand, et je conçois que quelques cerises ne le gâteraient pas, surtout de celles que vous savez... qui pendaient si gentiment à ce fameux cerisier, là-bas, hem?... mais, que voulez-vous? les festins se suivent et ne se ressemblent pas. »

Le père Roquille sortit en hochant la tête, selon sa moqueuse habitude.

A peine avait-il disparu, que Jean-Paul, ne pouvant plus contenir sa fureur, saisit le morceau de pain et le lança, par bravade, du côté de la porte. Nouvelle sottise! Le dépit s'en va, mais la faim reste.

Jean-Paul s'en aperçut trop tard. Et qu'arriva-t-il?... qu'il fut obligé de manger son souper, tel qu'il venait de se l'accommoder lui-même, c'est-à-dire tout sali de poussière.

Et puis, quand il voulut arroser son pain bis, il ne possédait plus une seule goutte d'eau, car il avait brisé sa cruche. Il lui fallut garder sa soif.

C'est ainsi que, dans les petites choses, non moins que dans les grandes, on est puni toujours par les conséquences mêmes du mal qu'on a pu faire.

Jean-Paul n'était pas d'ailleurs au terme de ses mécomptes.

La nuit vint, amenant avec elle toutes les angoisses de la peur.

Naturellement poltron, ce qui est un bien laid défaut, songez à ce qu'il dut éprouver de sueurs froides, quand il se trouva seul dans une complète obscurité. Le moindre bruit, soit du dedans, soit du dehors; le trot des rats qui couraient sur le plancher, l'enfantin miaulement des chats du voisinage, le bruissement de la paille qu'il froissait de son poids, le silence même, qui succédait par intervalles et dans lequel son oreille bourdonnante entendait de vagues mugissements, d'étranges tintements, des sons lugubres et lointains; tout cela le faisait tressaillir comme une feuille au vent d'orage.

Mais le moment le plus terrible fut celui où quelque chose d'éblouissant et de rougeâtre se posa tout à coup sur sa pâle figure. Jean-Paul jeta un cri, détourna la tête, et, fermant les yeux, repoussa des deux mains ce quelque chose d'insaisissable.

Le peureux! c'était la lune, qui, se levant toute grande, lui jetait ses premiers rayons. Mais la frayeur dénature ainsi les plus simples choses.

Jean-Paul en retira cependant quelque profit.

Oh ! comme il regretta la maison paternelle, et ses nuits paisibles !

Quelle différence entre son isolement présent et cet excès peut-être de tendresse maternelle, qui allait jusqu'à laisser à ses côtés, la nuit, une veilleuse allu-

mée, pour le préserver, en cas de réveil, de toute sinistre image !

Le bon lit qu'il avait quitté pour quelques brins de paille, les friandises qu'il avait troquées contre un pain noir et sec, ses joyeuses soirées auprès de ses petites sœurs, et même, il faut le dire à sa louange, les caresses de sa bonne mère, tout ce qu'enfin il avait sacrifié se représenta dans sa mémoire, alors qu'il n'en pouvait plus jouir.

Toutefois, s'il regrettait déjà sa coupable équipée, ce n'était. comme on le voit, qu'un repentir d'égoïste :

il était fâché d'avoir quitté la maison paternelle, en raison des chagrins qu'il s'était attirés, et non de ceux dont il pouvait affliger les autres. Ce n'était donc pas encore ce louable repentir qui seul redonne des droits à l'indulgence.

En effet, dès qu'au lever du soleil Jean-Paul fut délivré des terreurs de la nuit, il oublia bien vite et son père, et sa mère, et ses jolies petites sœurs. Son unique pensée fut de sortir de prison. Il secoua la serrure, il tâcha d'ébranler les barreaux de la fenêtre. Vaines tentatives. La colère déjà faisait place à l'espoir, quand tout à coup il aperçut une tête, une tête sans corps, qui lui rendait visite par la chatière!

Les cheveux de Jean-Paul se hérissèrent.

Cependant, comme, par une singularité de la nature humaine, on regarde malgré soi l'objet qui fait horreur, Jean-Paul, qui avait reculé d'effroi jusqu'au fond de la chambre, jeta de nouveau les yeux dans la direction de la porte.

Il y rencontra de nouveau ceux de la fatale tête, lesquels, fixes et mobiles, le suivaient avec acharnement, quelque part qu'il allât, comme le regard circulaire d'un portrait.

Jean-Paul eut encore peur; mais enfin, observant

que la tête, toujours présente à la chatière, ne semblait pas vouloir s'avancer jusqu'à lui, il se remit assez pour l'examiner attentivement.

Qu'était-ce ?

CHAPITRE IV.

Conversation de Jean-Paul avec la tête sans corps. — Son entrevue avec Petit-Jacques. — Jean-Paul fait jouer tous les ressorts d'une infernale politique pour séduire ce dernier. — Leur évasion. — Première apparition du mystérieux géant. — Frayeur de nos héros. — Plan de voyage autour du monde. — Premiers incidents. — La foire du village voisin.

C'était une tête d'enfant, une bonne et large figure, aux gras contours, au teint rosé, une de ces charmantes têtes comme les vôtres, sans doute, mes jeunes lecteurs.

Jean-Paul se rassura, et le dialogue suivant s'établit entre la tête et lui :

« Que veux-tu ? » dit Jean-Paul à la tête.

— Je ne veux rien, lui répondit la tête.

— Eh bien ! alors, pourquoi me regardes-tu ?

— Pour rien, dà ! Et puis aussi parce que mon père m'a dit de voir ce que tu deviens.

— Joli métier que tu fais là ! Va donc, espion ! va donc, rapporteur ! Mais comment se nomme-t-il, ton père ?

— Tiens, cette question ! le père Roquille donc !

— Je ne le connais pas. Qu'est-ce qu'il fait, ton père ?

— Ce qu'il fait ?... c'est lui qui est garde champêtre, donc !

— Tiens ! c'est lui qui...

— Oui, c'est lui qui... Pourquoi ne serait-ce pas lui qui ?...

— Oh bien ! alors, il peut se vanter que je lui en veux furieusement, ton père ; et si jamais !... »

Jean-Paul s'arrêta court : une idée bien funeste venait de lui traverser l'esprit. Comme il était naturellement fourbé, il dissimula aussitôt, changea de ton et continua ainsi :

« Mais c'est égal, je ne t'en veux pas, à toi ; au contraire ; tu me fais l'effet d'être un bon enfant, toi. Entre donc !

— Oh ! non ; mon père me l'a bien défendu.

— Ah bah ! qu'est-ce que ça fait ?

— Ça fait qu'il me l'a défendu.

— Belle raison, par exemple !... Mais où est-il donc, ton père ?

— Il est chez nous, là-bas, vis-à-vis, de l'autre côté de la cour, avec un grand monsieur, oh ! mais bien grand, bien grand, que je ne connais pas, et qui est arrivé tout à l'heure.

— Eh bien ! justement, ton père n'en saura rien. Allons, viens donc ! Tu ne resteras qu'un moment. Nous nous amuserons bien, va ! tu verras. Je te montrerai une foule de choses curieuses que tu ne sais pas ; je t'apprendrai à faire des grimaces, et des cannes en papier. »

Petit-Jacques (ainsi se nommait le propriétaire de la tête sans corps) était un très-bon petit garçon, qui avait d'excellentes qualités, mais, par malheur, une curiosité excessive, une grande faiblesse de caractère et beaucoup de crédulité. Ce sont là, mes amis, de dangereux défauts. Lorsqu'on est curieux, qu'on croit aux billevesées et qu'on cède aux mauvais conseils, fût-on d'ailleurs un enfant excellent, il n'est sorte de fautes qu'on ne puisse commettre par entraînement.

Petit-Jacques ne sut pas se défendre des séductions de Jean-Paul ; il ouvrit doucement la porte et se glissa dans la prison.

Nous verrons dans le courant de cette histoire quelles furent les tristes suites de cette première désobéissance.

« A la bonne heure, donc! tu es un bon enfant! » lui dit alors Jean-Paul, dont je vous rapporte textuellement les paroles, pour vous apprendre à éviter ce langage trivial qui sied mal aux enfants bien élevés.

Ensuite, comme il l'avait promis, il enseigna une foule de tours à Petit-Jacques et lui fit ses grimaces les plus drôles, si bien qu'au bout d'un quart d'heure ils étaient les meilleurs amis du monde.

C'est là ce qu'avait voulu l'astucieux Jean-Paul. Quand il crut avoir gagné la confiance de son compagnon, il entama enfin le sujet qui l'intéressait :

« Oh! dis donc, une bonne farce!... si je me sauvais de prison, hein?... ton père serait joliment attrapé!

— Oui, mais il m'a bien défendu de t'ouvrir.

— Ah bah! tu dis toujours la même chose!

— Je le dis, parce que c'est vrai. Mon père, vois-tu, m'aime bien; mais quand il n'est pas content, ah! dame! il ne badine que tout juste.

— Parce que tu es un lâche. On s'en va, donc! Si tu savais quel bonheur d'être son maître, de courir autant qu'on veut, sans que personne vous dise : « Paul, vous vous échauffez trop; asseyez-vous ici, « et ne bougez pas; » ou bien, lorsqu'on a envie de s'amuser : « Allons, Paul, il faut aller étudier votre « leçon; rentrez à la maison, monsieur! » Mais maintenant je suis libre, moi; je suis fièrement heureux, va!

— Heureux!... mais tu es en prison?

— Oh! j'y suis!... j'y suis!... je n'y serai pas longtemps! Et d'abord tu peux bien rester si tu veux, toi, mais moi, je vais profiter de la porte...

— Non, non, je t'en prie, ne t'en va pas; tu me ferais gronder.

— Tant pis pour toi! Pourquoi veux-tu rester! Allons! une fois, deux fois, trois fois, veux-tu venir avec moi?

— Mais qu'est-ce que nous ferons?

— Nous nous amuserons! Sois tranquille. Nous ferons le tour du monde, nous vivrons à notre fantaisie, nous irons dans les bois, nous courrons dans les champs, nous mangerons des pâtés, nous ne manque-

rons de rien. J'ai de l'argent, moi; je suis riche : j'ai huit sous dans ma poche. Allons, viens! Qu'est-ce que tu risques? Et d'ailleurs, si tu t'ennuies, tu en seras quitte pour revenir : ton père sera encore trop content de te recevoir. »

Bref, Jean-Paul employa tout, promesses et menaces, afin de séduire ou d'effrayer Petit-Jacques, et, malheureusement pour tous deux, il n'y réussit que trop bien.

« Touche là! continua-t-il en lui tendant la main. »

Petit-Jacques toucha là : le traité fut conclu.

L'évasion, toutefois, n'était pas une facile entreprise : il fallait traverser la cour pour arriver à la porte extérieure, et, dans ce long trajet, on risquait fort d'être aperçu. Nos fugitifs se glissèrent prudemment le long de la maison, retenant leur haleine, marchant d'un pied léger, et se baissant bien bas, bien bas, au-dessous des fenêtres.

Malgré tant de précautions, Pataud les entendit, s élança de sa cabane et se mit à aboyer contre Jean-Paul.

Jean-Paul se crut perdu, mangé, ou tout au moins repris, comme la veille, par ce fidèle quadrupède, dont il s'était fait, pour ainsi dire, un ennemi personnel.

Ajoutez qu'en ce même instant la jambe de bois du père Roquille résonna brusquement sur l'escalier de la maison, et que sa grosse voix se fit entendre avec celle de l'inconnu dont avait parlé Petit-Jacques.

Jean-Paul eut beaucoup de peine à se traîner plus loin, tant sa peur était grande.

Ce n'était cependant qu'une fausse panique : Pataud était enchaîné, il ne put qu'aboyer cette fois ; et quant au père Roquille et à son interlocuteur, ils n'arrivèrent dans la cour qu'après la disparition de Jean-Paul et de son trop docile compagnon.

Mais il était temps que les déserteurs gagnassent du chemin. Le père Roquille et l'inconnu se rendirent aussitôt à la prison. Pourquoi? Quel était ce mystérieux personnage? C'est ce que je ne sais pas encore, mais je vous promets de m'en informer. Tout ce que je puis affirmer, c'est que cet étranger n'était ni M. le maire, ni le père de Jean-Paul, ni tel autre de ses parents, ni aucun des serviteurs, à moi connus, de cette respectable famille. Il est vrai que, grâce aux taquineries de Jean-Paul, le personnel de ces derniers se renouvelait incessamment, et que, la veille encore, ainsi que nous l'avons vu, il avait fait faire maison nette.

C'était, du reste, un homme d'une quarantaine d'années, ayant une taille de géant, de longues jambes de longs bras, de longues mains, la voix retentissante, la parole brève, la démarche grave, l'air sévère, l'œil perçant.

« Eh bien? dit-il laconiquement, en parcourant des yeux la prison sans prisonnier.

— Décampé! répondit le père Roquille. Mais comment diable a-t-il pu faire?... Est-ce que Petit-Jacques aurait osé?... Ohé! Petit-Jacques! Ohé!... »

Petit-Jacques ne répondit pas : vous en savez la la cause.

« Je gage qu'ils se seront envolés ensemble! reprit le garde champêtre. Oh! le petit démon!... il me payera celle-là!... En tout cas, ils ne peuvent pas être bien loin encore. Voyons donc. »

Le père Roquille conduisit l'inconnu à la petite lucarne de son pigeonnier, position fort élevée, d'où l'on découvrait la campagne à plus de trois lieues à la ronde.

Ils cherchèrent des yeux dans toutes les directions, et finirent par apercevoir là-bas, là-bas, à une grande distance, au milieu d'un nuage de poussière, deux tout petits points noirs qui s'agitaient dans l'espace, qui disparaissaient, reparaissaient, s'éloignaient, diminuaient, et enfin s'effacèrent tout à fait.

Étaient-ce nos fugitifs? C'est ce que pensa le père Roquille.

« Voyez, dit-il à l'inconnu, voyez comme les gaillards arpentent le terrain!... Pour peu qu'ils continuent de ce train-là, ils arriveront bientôt au bout du

monde. Quant à nous, nous ne risquons rien de nous dépêcher, si nous voulons les rattraper aujourd'hui.

— Ce n'est pas nécessaire, répliqua son interlocuteur.

— Mais cependant...

— A quoi bon?

— Mais si, là-bas, on veut...

— Du tout!

— Mais est-ce que vous ne veniez pas tout à l'heure pour?...

— Tout à l'heure, oui; mais maintenant, non. »

Cela dit, ils descendirent du pigeonnier et rentrèrent dans la maison, où ils s'entretinrent quelque temps encore.

Le père Roquille ne s'était pas trompé : c'étaient nos évadés.

Ils avaient si grand'peur d'être poursuivis, rattrapés et punis, qu'ils coururent tout d'une haleine à

cinq quarts de lieue de là, sans oser une seule fois regarder en arrière. Le moindre bruit qui leur venait aux oreilles, le roulement des pierres que heurtait leur pied, le bruissement des branchages qu'ils accrochaient en passant, le frôlement des oiseaux qu'ils faisaient s'envoler, la chute même des grenouilles que leur subite approche forçait à se replonger dans l'eau des fossés, tout leur causait des frayeurs extrêmes. Ils coururent tant, que le souffle à la fin leur manqua tout à fait, que leurs jambes s'alourdirent, et qu'ils se jetèrent sur le bord de la grand'route, sans force, sans voix, sans haleine et au risque de tout.

Quand il se fut un peu remis, Jean-Paul regarda à l'entour, et, ne voyant personne, reprit bientôt toute son assurance. Il poussa un grand éclat de rire :

« Elle est bonne, dit-il, la farce que nous venons de jouer à ton père! Il doit faire une vilaine moue maintenant! Oh! je voudrais bien être dans un petit coin, pour le voir sans qu'il me vît.

— Eh! laisse donc! répondit Petit-Jacques, qui déjà paraissait avoir assez de leur voyage autour du monde. Moi, d'abord, je ne cours pas plus loin; je suis fatigué; je n'en veux plus; je vas retourner à la maison.

— Oui, c'est cela! pour que ton père te gronde! pour qu'il te batte de m'avoir fait me sauver!

— C'est vrai. Mais enfin, qu'est-ce que nous allons faire?

— Tu verras! Et d'abord, veux-tu jouer au cheval fondu?... Allons, tiens-toi bien : houpp! »

Jean-Paul sauta alors sur le dos de Petit-Jacques. Celui-ci, ne s'attendant pas au choc, plia sous le fardeau, tomba et fit tomber son cavalier. Tous deux s'écorchèrent les mains sur le sable. Jean-Paul, qui ne pouvait endurer patiemment la plus faible douleur, s'en prit à Petit-Jacques de cette mésaventure, et voulut s'en venger sur lui par un grand coup de poing; mais il s'adressa mal. Petit-Jacques, qui était fort patient de sa nature, mais que le regret et surtout la

fatigue avaient mis de mauvaise humeur, lui rispota si vigoureusement, que Jean-Paul perdit, cette fois pour toutes, l'envie de passer sur lui ses iniques boutades.

« Mais tu vois bien, dit-il pour l'apaiser, que ce n'était que pour rire. Est-il sournois, donc!... Allons, voyons, une poignée de main, et pas de rancune! »

Petit-Jacques dit alors : « Mais enfin, où ironsnous?

— Où nous irons?... Eh bien! mais... nous irons... toujours devant nous.

— Mais après?

— Après?... ma foi!... Oh! vois donc là-bas, à

l'entrée de ce gros village!... Qu'est-ce que c'est que tout ce monde-là?

— Ce monde là-bas?... c'est une foire, pardine!

— Une foire!... vrai?... oh! quel bonheur?... C'est gentil, une foire!... Viens, viens!... Allons à la foire!... C'est là que nous allons nous amuser!... J'ai de l'argent, moi! j'ai huit sous dans ma poche! Viens! »

Petit-Jacques ne pouvait résister à une invitation si séduisante. Le mot magique de foire dissipa ses derniers regrets. Ils prirent, bras-dessus bras-dessous, le chemin du village, où ils arrivèrent gambadant, sautillant, ricanant et s'émerveillant.

C'était sur la grande place, devant le porche de l'église, que se tenait cette foire. On y voyait une foule de curiosités. Nos deux flâneurs s'en amusèrent beaucoup. Ils virent Paillasse; ils virent Polichinelle; ils virent des singes savants, des chiens savants, des canaris savants, et même des hommes savants. Polichinelle battait le diable; Paillasse avalait des couleuvres; les singes dansaient sur la corde; les canaris faisaient le mort, montaient la garde et tiraient le canon; les chiens calculaient comme s'ils eussent été des hommes; les hommes, au contraire, aboyaient comme s'ils eussent été des chiens; ou bien encore ils marchaient sur les mains, sautaient, se contournaient, se disloquaient de mille et mille façons, pour obtenir de l'assistance quelques pièces de monnaie!

Ils étaient forts, cependant, et sains de tous leurs membres; ils eussent pu travailler honnêtement, au lieu de rabaisser ainsi leur qualité d'homme. Nous ne saurions trop les blâmer de leur indigne métier. Et voilà pourquoi, mes jeunes lecteurs, vous ferez bien de ne pas vous livrer, en amateurs, à l'imitation burlesque de ce genre de baladins; de ne point parodier leurs grimaces, leurs sauts, leurs contorsions, comme faisait Jean-Paul, qui ne pouvait rien voir de tel sans qu'à l'instant, et pour des mois entiers, il ne s'ingéniât à en essayer l'exacte reproduction; et comme font aussi une foule d'autres personnes, au risque, si elles sont enfants, de s'entendre appeler *gilotins;* ou bien, si elles sont grandes, de s'attirer le sobriquet de *farceurs de société*. Triste renommée!

Mais continuons.

CHAPITRE V.

Jean-Paul se prend de dispute avec le singe d'une ménagerie. — Réapparition du géant. — Jean-Paul se livre à la funeste passion du jeu. — Un dernier sou. — Désespoir. — Grande bataille. — Fuite de nos héros. — Découragement de Petit-Jacques. — Nouveau sophisme de Jean-Paul. — Maigre festin. — Nos voyageurs s'embarquent sur un petit océan. — Affreuse tempête. — Encore le géant. — Un naufrage épouvantable. — Poignante incertitude.

Jusque-là nos deux étourdis se trouvaient assez bien des suites de leur équipée : ils allaient, venaient, regardaient, imitaient, riaient, en un mot, se donnaient beaucoup d'aise. Mais, grâce au caractère de Jean-Paul, ce bien-être fut de courte durée. Celui-ci, qui ne se plaisait à rien tant qu'à taquiner les animaux, se prit à agacer le singe d'une baraque et à le tapoter du bout de sa baguette, tandis que l'attention du maître était fixée ailleurs. Le singe se borna d'abord à lui faire ses plus laides grimaces et à lui crier, dans son rauque et perçant langage, ses plus grosses injures; mais à la fin, poussé à bout, il s'élança sur lui et le saisit aux cheveux. Jean-Paul poussa des cris lamentables, et ce ne fut qu'à bien grand'peine qu'on parvint à le dégager.

Il avait eu toutefois plus de peur que de mal : il en fut quitte pour une petite morsure à l'oreille et quelques légers coups de griffes dans la figure.

Ce que voyant un inconnu de taille géante, qui se trouvait dans la foule, et qui depuis longtemps examinait attentivement Jean-Paul, prit de sa grande main la main de ce dernier, le conduisit dans une maison voisine, lui fit laver l'oreille et le visage, puis le ramena sur la place et disparut sans avoir dit un mot.

Qui était-il? La suite de cette histoire nous l'apprendra peut-être.

Jean-Paul ne tarda pas à se consoler de sa mésa-

Le singe s'élança sur lui et le saisit aux cheveux.

venture; car c'était un de ses pires défauts, que cette malheureuse facilité à oublier les désagréments dont sa conduite avait été la cause : tout passait avec la douleur.

Une autre préoccupation l'absorba d'ailleurs en ce moment. Il commençait à avoir faim. Petit-Jacques aussi. Rien ne leur eût été plus facile que de se satisfaire, car Jean-Paul était riche de huit sous, et pour huit sous, à une foire de village, on a bien des gâteaux, bien des fruits, bien des friandises.

Par malheur, une loterie se trouvait là, où, pour rien, si l'on était heureux, on gagnait un excellent dîner : un dîner de dragées, de brioches, de pain-d'épices, de macarons.

Tout cela pour rien! La séduction était grande. Jean-Paul s'y laissa prendre.

Jean-Paul joua!

Ah! mes jeunes amis, gardez-vous du funeste attrait qu'ont les jeux de hasard! Jouez, enfants, jouez à des jeux honnêtes qui exercent le corps, qui délassent l'esprit; mais à d'autres, jamais! Gardez-vous de bonne heure de l'affreuse passion que peuvent inspirer ceux-ci. C'est la pire de toutes, car elle les engendre toutes : elle dénature le cœur, elle abrutit l'intelligence, elle rend sot et méchant, elle conduit même au vice, même au crime. Il suffira, pour vous en préserver, de vous montrer les terribles angoisses qu'elle inflige à ses victimes.

Jean-Paul a donc posé son premier sou sur une espèce de table circulaire, rouge à gauche, noire à droite, au milieu de laquelle s'élève un pivot surmonté d'une aiguille horizontale qu'on lance violemment, qui tourne, tourne, tourne; puis se ralentit, puis s'arrête, çà ou là, et vous fait perdre ou gagner, selon qu'elle désigne, ou non, la couleur pour laquelle vous avez parié.

Eh bien! voyez comme Jean-Paul semble hébété à force d'attention! voyez comme il pâlit, comme il rougit, comme il verdit, comme les veines de son front se gonflent, comme ses narines s'élargissent, comme ses sourcils se disloquent,

comme ses dents claquent, comme ses doigts se crispent dans ses cheveux ébouriffés! comme il tremble de chaud, de froid, d'espoir et de dépit! comme enfin il paraît souffrir, insensible qu'il est à tout ce qu'il entend et voit, hormis au mouvement et au bruit décroissants de la fatale aiguille! voyez comme son mal augmente à chaque nouveau sou qu'il perd!

Enfin, il ne lui en reste plus qu'un, un seul!

Petit-Jacques, qui n'a cessé de l'engager à la retraite, le tire en ce moment de sa plus grande force;

mais c'est en vain: il semble que Jean-Paul ait pris racine à cette funeste place.

Il hésite toutefois à exposer ce dernier sou; il le tourne et retourne, d'une main convulsive, dans le fond de sa poche.

Mais ce sou peut tout réparer! la chance aura changé, sans doute!...

Jean-Paul le jette enfin sur la table, puis tend vivement la main comme pour le ressaisir.

Il n'est plus temps: l'aiguille a fait ses mille tours; elle s'est arrêtée.

Tout est perdu!

Jean-Paul en doute d'abord. Une seconde partie est déjà commencée, que son regard aveugle attend encore le résultat de la première. Enfin il baisse tristement la tête; ses yeux se fixent à terre, ses bras pendent, et sa bouche est sans voix. On dirait d'une statue de marbre blanc, à sa pâleur, à son immobilité.

Ce fut seulement alors que Petit-Jacques parvint à entraîner Jean-Paul, qui se laissa faire sans résistance. Mais quand il fut un peu revenu de sa stupeur, il se mit à pousser subitement un de ces grands éclats de rire, qui font mal à entendre, tant ils sont tristes et forcés; puis il pleura, puis il rit de nouveau, puis il pleura encore : c'était un moment de folie. Cela se termina par un violent accès de colère. Jean-Paul, selon son habitude, s'en prit à tout le monde des sottises qu'il venait de faire.

« C'est toi qui en es cause! dit-il à Petit-Jacques. Pourquoi m'as-tu fait jouer? »

— Ah! par exemple, répliqua celui-ci : au lieu de te faire jouer, j'ai fait mon possible, au contraire, pour t'en empêcher.

— Ce n'est pas vrai!

— Si, c'est vrai!

— Je te dis que non!

— Je te dis que si! »

Je ne sais trop comment eût fini cette nouvelle altercation, sans une querelle autrement grave qui attira toute leur attention.

Vous saurez, mes jeunes lecteurs, que, de village à village, il existe quelquefois de malheureuses rivalités qu'on ne saurait trop déplorer. Ces rivalités donnent lieu à des disputes individuelles, et même à des rixes générales, dont les foires et les fêtes sont l'occasion déterminante, et dont le prétexte est un rien le plus souvent.

C'est surtout parmi les enfants que ces haines sont vivaces et produisent de nombreuses collisions.

Or, en ce moment même, un différend s'engageait entre deux petits garçons, l'un de l'endroit, l'autre de la commune la plus proche. Peut-être se fussent-ils bornés à échanger quelques vilains mots, mais Jean-Paul les entendit, et l'on comprend que leur affaire ne pouvait dès lors se réduire à si peu. Poltron comme un lièvre, il se plaisait au danger des autres; et d'ailleurs il avait à se soulager, sur n'importe qui, de tout le poids de sa mauvaise humeur. Il s'approcha donc des querelleurs, se moqua d'eux, les excita si perfidement, que des paroles bientôt ils en vinrent aux coups.

Ce fut alors un spectacle horrible! Les enfants du pays prirent parti pour leur camarade, et les petits compatriotes de l'autre, pour leur compatriote à eux. La mêlée devint générale; les pierres sifflaient de tous

côtés; les femmes se sauvaient à l'écart, en poussant des cris d'effroi; les hommes cherchaient à séparer les combattants, soit en se posant entre eux, soit en les menaçant, soit même en cinglant les plus acharnés de quelques coups de fouet ou de mince baguette. Ce fut ainsi que Jean-Paul se sentit tomber sur le dos plusieurs coups de noisetier qui le pincèrent fort. D'où lui venaient-ils? C'est une question historique qui ne restera pas moins obscure que beaucoup d'autres. Il s'en inquiéta peu, du reste, appela Petit-Jacques et se sauva du champ de bataille. Ils le firent d'autant plus prestement que, au gros du bruit et de la bagarre, ils avaient cru entendre l'aboiement de Pataud, et reconnaître l'austère figure du père Roquille, que sa qualité de garde appelait naturellement à mettre le holà parmi les tapageurs.

Jean-Paul et Petit-Jacques coururent ainsi jusqu'à ne plus rien entendre, et, quand ils furent loin du village, Petit-Jacques dit encore à Jean-Paul :

« Si ce sont là les plaisirs que tu me promettais, tu pouvais bien les garder pour toi, et me laisser à la maison!

— Mon Dieu! que tu es donc fastidieux! Est-ce qu'il faut se décourager pour si peu? Est-ce que nous ne nous sommes pas bien amusés?

— Ah! si tu appelles cela s'amuser!... Recevoir des coups à droite et à gauche!... perdre tout son argent!... ne rien manger du tout!...

— Ne rien manger! ne rien manger!... Tu ne penses qu'à faire un dieu de ton estomac!... Eh! tiens, mange donc, goulu! »

Jean-Paul dit et prêcha d'exemple. Ils étaient près d'un buisson chargé de mûres et de toutes sortes de petits fruits sauvages. Ils l'en dépouillèrent entièrement. C'était un bien maigre repas, mais ce n'est pas la faim qui a inventé la bonne chère : c'est la gourmandise.

Quand ils eurent apaisé leur appétit, ils se remirent en route, errant à l'aventure et continuant de se gronder l'un l'autre.

« Eh bien! disait Petit-Jacques, où me mènes-tu maintenant?

— Sois tranquille, répondait Jean-Paul. Suis-moi toujours.

— Mais où?

— Tu le verras.

— Tu m'attrapes encore! Tu m'avais dit que nous nous amuserions bien, et cependant...

— Oui, nous nous amuserons; n'aie pas peur! »

Comme vous le voyez, Petit-Jacques se repentait fort d'avoir suivi Jean-Paul, mais il ne savait comment rompre avec lui, ni comment retourner chez son père. Il continuait donc de se laisser conduire partout où Jean-Paul lui promettait bon asile, friandise et plaisir.

Tant il est vrai, mes jeunes amis, que les conseils du méchant ressemblent à la toile dont l'araignée se sert pour envelopper ses prises. Aussitôt qu'une pauvre petite mouche a frôlé ce gluant tissu, c'en est fait d'elle. L'imprudente a beau se débattre : le fil l'enlace, la presse, la roule, l'enchaîne, de plus en plus inextricable. Il est bien rare qu'elle parvienne à s'en tirer.

Ainsi de l'enfant trop crédule qui s'est laissé prendre aux piéges d'un mauvais conseiller.

Ce fut en grommelant de la sorte que nos deux fuyards arrivèrent sur le bord d'une grande rivière.

Jean-Paul dit alors :

« Tiens ! voilà justement où je voulais t'amener. C'est ici que nous allons nous amuser !... Vois déjà !... Regarde comme c'est joli !... »

Et ce disant, il lançait de petites pierres plates, légères, qui sautillaient sur l'eau, bien loin.

Petit-Jacques, qu'un rien consolait, se mit à en lancer aussi. C'était à qui ferait les plus longs ricochets.

Quand ils se furent disloqué le bras à ce violent exercice, Jean-Paul s'avisa d'un plaisir bien plus rare, mais bien plus dangereux.

« Oh ! vois donc, dit-il à Petit-Jacques, vois donc ce petit bateau qui est attaché au rivage ! Aimes-tu à te promener en bateau, toi?

— Je ne sais pas : je n'ai jamais essayé.

— C'est bien drôle, va! Entrons dans celui-ci; tu verras! »

Ils entrèrent dans le petit bateau, qu'ils firent se balancer tant et tant, les imprudents! que le câble qui le retenait se dénoua insensiblement. Ils ne s'aperçurent de l'accident qu'en voyant le rivage s'éloigner de plus en plus.

Ils eurent peur, mais c'était trop tard. Chaque mouvement qu'ils faisaient, chaque secousse que leur main inhabile imprimait à la rame, lançaient leur frêle esquif plus loin dans le courant.

Le courant, à la fin, les saisit tout à fait, les promena, les entraîna je ne sais où.

Ce qui augmentait leur danger, c'étaient les bourrasques d'un vent chaud et humide, qui grandissait, grandissait toujours.

Ils eurent beau appeler : personne!

Si fait, pourtant...

Un homme d'une taille gigantesque apparut tout à coup en face d'eux, sur la rive. Cet inconnu se disposait peut-être à les secourir; mais ce moment vit éclater l'orage qui s'apprêtait depuis longtemps. La nuit vint, nuit profonde, nuit terrible!

Leur fragile embarcation ne pouvait résister à la violence des vagues, qui en disloquaient les parois, et parfois même bondissaient par-dessus et l'engloutissaient peu à peu.

Si l'on ajoute à l'imminence de ce danger tout ce qui, dans cette grande crise de la nature, était capable de glacer d'épouvante le cœur des plus hardis : — le sifflement des vents contraires, — l'obscurité d'autant plus profonde que de longs éclairs la sillonnaient à chaque seconde, les roulements de mille tonnerres qui, se succédant, se croisant, se confondant sans cesse, ôtaient à nos deux naufragés l'espoir d'être entendus, d'être secourus, et même (chose affreuse!) les empêchaient d'entendre leurs propres cris; — et enfin à travers cette pluie qui les glaçait, une grêle d'orage qui les frappait au visage, les meur-

trissait, les déchirait, oh! alors on concevra toute l'horreur de leur situation.

Je me hâte de le dire à leur louange, ils éprouvèrent en ce moment le regret sincère de tout le mal qu'ils avaient fait, surtout Jean-Paul, dont la conscience avait à se repentir bien plus encore que celle de Petit-Jacques.

C'est qu'en effet il y a des moments dans la vie où toutes les mauvaises passions se taisent, où les seules bonnes reprennent leur empire. Ces moments solennels, ce sont les grands dangers inévitables, ceux-là contre lesquels la science, le talent, le courage, rien ne peut rien, et qui placent l'homme, dans toute sa faiblesse, face à face avec l'omnipotence de Dieu. La crainte s'évanouit alors pour faire place à la résignation. Il se produit dans l'âme une sorte d'illumination, une revue infiniment rapide et pourtant complète de la vie, même

la plus longue, et dans ses moindres détails : c'est comme un vaste point de vue que l'on embrasse d'un coup d'œil. Cet instant, d'ordinaire, est le dernier qu'accorde la Providence au repentir possible du méchant. Après cela, souvent, l'éternité; l'éternité telle qu'on vient de se la choisir irrévocablement.

Jean-Paul et Petit-Jacques avaient su profiter de ce moment suprême, de cette dernière halte entre la vie qui va finir et celle qui va commencer : ce qui prouve que leur cœur n'était point perverti sans remède.

De temps en temps, à la lueur rougeâtre des éclairs, le géant pouvait les voir au loin, à genoux tous les deux, tantôt les mains levées au ciel pour implorer pardon, tantôt les bras tendus vers la rive pour demander assistance.

Et puis, dans l'intervalle des coups de tonnerre, il entendait leurs cris, leurs inutiles appels.

Comment leur porter secours?

Un coup de vent furieux renversa enfin leur bateau et le fit s'engloutir. Jean-Paul et Petit-Jacques poussèrent un dernier cri, et disparurent au milieu de l'eau, qui se referma sur eux en tournoyant!

On cessa de rien voir, on cessa de rien entendre.

L'homme à la taille de géant avait disparu lui-même.

. . . .

CHAPITRE VI.

Ce que devinrent nos deux héros à la suite de leur trépas. — Troisième apparition du géant. — Le moulin du père François. — Proposition avantageuse. — Puissance irrésistible de la soupe aux choux sur les déterminations humaines. — Quatrième réapparition du géant. — Une étrange profession.

Rassurez-vous, mes amis : la Providence, qui avait soufflé l'orage, ne voulait point la mort des coupables ; elle ne voulait que leur châtiment. Leur repentir l'avait apaisée sans doute, et ce fut à leurs larmes, je pense, qu'ils durent leur salut.

Je ne sais comment cela se fit, mais je soupçonne

que quelqu'un se trouva là, près du rocher contre

lequel ils avaient échoué ; qu'il entendit leur cri de détresse, les vit s'abîmer, se précipita, et, profitant d'un de ces rapides instants où l'eau les repoussait à sa surface, les saisit d'un bras vigoureux et les déposa l'un après l'autre sur le bord du rivage, presque à moitié noyés.

Lorsqu'ils reprirent entièrement connaissance, ils se virent dans une grande chambre de village, sur de

bons matelas, enveloppés de chaudes couvertures,

devant une immense cheminée où petillait un feu de fagots secs.

« Soyez tranquille, disait le maître du logis à une personne qu'il reconduisait, et dont le témoin de cette scène ne put apercevoir que la grande ombre, parce que la porte était déjà presque entièrement refermée sur elle ; soyez tranquille : ce sera absolument comme s'ils étaient à nous. »

J'imagine que ces derniers mots avaient rapport à nos deux naufragés. En effet, le meunier et sa femme (car la scène se passait dans un moulin des environs) eurent pour eux tous les soins imaginables : à ce point que, dès le lendemain même, les noyés de la veille étaient debout, frais et gaillards, couverts de leurs habits parfaitement séchés, et tourmentés par un appétit que l'eau de la rivière avait pu endormir, mais qui ne s'en réveillait que plus exigeant. Une soupe copieuse, et un énorme plat de pommes de terre sur la cime duquel tremblotait un succulent morceau de porc frais, qu'on arrosa d'excellent cidre, complétèrent, à leur satisfaction, le régime sanitaire auquel on les avait soumis.

« Eh bien! Petit-Jacques, disait Jean-Paul, qui, après ce dîner, avait déjà oublié les malheurs de la nuit dernière; eh bien! eh bien! quand je te disais de me suivre, avais-je tort? ne sommes-nous pas très-bien ici?

— A la bonne heure! répondait Petit-Jacques, pour qui les doutes de l'avenir gâtaient un peu les douceurs du présent; mais qui nous répond que cela durera longtemps?

Petit-Jacques disait vrai. Le père François, le meunier de céans, était un homme fort serviable à l'occasion, mais qui, l'occasion passée, n'était point d'humeur à s'imposer des charges inutiles. Quand il vit ses petits hôtes bien repus et fort capables de continuer leur tour du monde, il leur dit sans façon :

— Or çà, mes jeunes amis, j'ai fait pour vous tout ce qu'il m'était possible de faire; il ne me reste plus qu'à vous souhaiter un excellent voyage. Si fait, pourtant... je puis encore vous rendre un petit service... celui de vous reconduire à vos parents, quand vous me les aurez fait connaître.

La figure des deux ressuscités se rembrunit tout à coup.

« Je vois ce que c'est, reprit le père François; vous craignez d'être grondés, d'être corrigés. Et, au fait, je crois bien que, à la place de vos parents, je voudrais vous ôter l'envie de vous noyer une seconde fois, car ce serait une mauvaise habitude que vous prendriez là, mes jeunes navigateurs. Mais enfin une correction est si tôt reçue! Il faut bien s'y résigner, lorsque c'est pour notre bien, et qu'on ne peut pas faire autrement. »

Ce mot de correction rembrunit davantage encore le visage de nos échappés.

« Il paraît que vous n'êtes pas de cet avis, continua le père François. Libre à vous, mes amis, libre à vous! Au surplus, ajouta-t-il d'un ton moitié goguenard, moitié sérieux, il y a peut-être moyen d'arranger tout cela. Vous aimez, à ce qu'il me semble, la soupe aux choux et le porc frais aux pommes de terre; et vraiment vous n'êtes pas dégoûtés! Or, vous en trouverez toujours ici à discrétion. Bon feu aussi, et bon coucher. Mais à une seule condition... »

Ici nos voyageurs devinrent extrêmement attentifs.

« Cette condition, c'est que vous me donnerez un petit coup de main. Le moulin va bien, Dieu merci! Vous avez pu entendre ses tic tac. J'ai même besoin d'un garçon de plus. Vous n'êtes pas forts encore, mais, à vous deux, vous en vaudrez bien un. Moyennant cela, la soupe aux choux, le lard aux pommes de terre, bon cidre, bon lit, bon feu, et des étrennes pour le dimanche. Dites oui, et c'est une affaire arrangée. »

Jean-Paul et Petit-Jacques se regardèrent, incertains de ce qu'ils devaient faire.

« Allons, allons! ajouta le meunier, je ne voudrais point vous recruter par surprise. Je vous laisse une heure de réflexion; après quoi, de deux choses l'une : ou le moulin, ou bon voyage! Il n'y a pas de milieu. »

Cela dit, il les quitta.

Quand ils furent seuls, Jean-Paul dit à Petit-Jacques, qui paraissait plongé dans de profondes méditations :

« Eh bien, elle est magnifique, la trouvaille! Qu'en dis-tu? Est-ce que tu serais assez bête pour refuser?

« Ma foi! répondit Petit-Jacques, je ne sais trop. Je crois que nous ferions mieux de retourner chez nos parents.

— Allons donc! pour nous faire gronder encore! tandis qu'ici nous serons si bien!... C'est ça un homme, le père François!... Et la mère François, c'est ça une femme!... C'est ça de braves gens!... et qui ont de bien bon lard! »

Il paraît que la soupe aux choux et le porc frais aux pommes de terre entraient pour beaucoup dans la détermination de Jean-Paul.

Petit-Jacques n'était pas insensible non plus à ces hautes considérations gastronomiques.

« Et puis, continua Jean-Paul, des étrennes le dimanche pour s'amuser, pour acheter des pommes et des châtaignes! L'état de garçon meunier ne doit pas d'ailleurs être bien difficile : il ne doit pas falloir beaucoup d'esprit dans un état pareil. Les moulins, ça va tout seul; il n'y a qu'à se croiser les bras et à les regarder faire. »

Tous ces avantages réunis, y compris la soupe aux choux, décidèrent enfin Petit-Jacques.

Quand le meunier revint, Jean-Paul dit oui pour tous les deux, et ce fut marché conclu. Cinq minutes après, ils étaient en fonction, montant des sacs de blé, et les redescendant farine, au moyen d'un gros câble et d'une poulie; ou bien garnissant le moulin, ouvrant ou fermant l'écluse, balayant les greniers, suant, soufflant, se fatiguant de toutes les façons.

Quelque pénible et rebutant que fût un tel office, ils s'en accommodèrent fort bien le premier jour : c'était du nouveau pour eux, c'était du mouvement, c'était donc du plaisir. Ils riaient à la besogne; ils se faisaient un amusement de tout. Le maître ordonnait-il : nos apprentis meuniers luttaient de vitesse; ils ne marchaient pas, ils couraient. Ce fut une journée d'enchantement et de poésie, que couronnèrent dignement la soupe aux choux et le porc frais aux pommes de terre.

Le second jour, le ravissement commença à décroître. Ils étaient fatigués de la veille, et trouvèrent moins de charme à manœuvrer d'énormes sacs de farine, à monter, à descendre, à balayer, à faire, en un mot, toute la besogne que nous avons dite.

Le troisième jour, ce fut bien pis; et pis encore le quatrième, et le cinquième, et le sixième.

Le fait est qu'ils étaient exténués.

La soupe aux choux et le porc frais aux pommes de terre les avaient consolés d'abord de beaucoup de désagréments; mais ils finirent par prendre en dégoût, en horreur, ces deux inévitables plats, surtout Jean-Paul, qui soupira bien des fois en songeant, par comparaison, à l'excellente cuisine de la maison paternelle.

Le père François, de son côté, ne cherchait pas à leur rendre la vie plus douce. Le père François était un fort brave homme : il le leur avait bien prouvé, à la suite du naufrage; et cependant, je ne sais pourquoi, il semblait prendre à tâche d'augmenter chaque jour la rudesse de leurs travaux. On eût dit qu'il avait de secrets motifs pour agir ainsi. Ce qu'il y a de certain, c'est qu'il riait tout bas, à les voir succomber sous des fardeaux sans proportion avec leurs forces, et que, tout haut, il les grondait d'un ton sévère.

Jean-Paul avait de plus à essuyer incessamment les vifs reproches de Petit-Jacques.

« Ah! par exemple! lui disait celui-ci, selon son habitude, du matin jusqu'au soir, et même durant la nuit, car ils étaient camarades de lit; si c'est là ce que tu appelais être bien nourri et se bien amuser, tu pouvais bien me laisser chez mon père! »

Petit-Jacques était pour Jean-Paul un cauchemar perpétuel. C'est l'ordinaire en pareil cas : le complice est toujours un remords vivant pour celui qui l'a corrompu.

Enfin, pour comble de déboire, le père François se mit en tête, le sixième jour, de leur donner le soin de l'écurie.

Les voici donc qui mènent les ânes au pré, qui en ramènent les ânes, qui font boire les ânes, qui donnent à manger aux ânes, qui lavent, qui épongent, qui étrillent les ânes.

Ce fut, pour l'amour-propre de Jean-Paul, le coup le plus sensible, que de se voir, lui, fils de bonne

Il fut surpris étrillant un âne des plus rétifs.

famille, lui, si vaniteux de la fortune de son père, lui, qu'en effet un commencement d'éducation avait mis au-dessus de si basses fonctions, lui, ravalé ainsi!

Et que fut-ce donc, lorsqu'un soir, comme il était à la porte du moulin, tout blanc de farine, visage et vêtements, il fut surpris, étrillant un âne des plus rétifs, par ce même mystérieux personnage qu'une singulière fatalité lui faisait rencontrer toujours dans les moments les plus critiques de sa vie? Cet inconnu, que, faute de mieux, nous appelons le Géant, se planta devant lui, immobile, sérieux, croisant les bras; et, après l'avoir examiné un moment dans ces fonctions, que rendaient passablement dangereuses les continuelles ruades de l'âne, il poussa un de ces rires sardoniques qui font tant de mal à entendre quand on en est l'objet.

« Courage, dit-il à Jean-Paul; courage, mon jeune palefrenier! Vous avez là un maître bien difficile, à ce qu'il paraît; mais, en définitive, il vaut peut-être mieux encore être le domestique d'un âne, mais d'un âne véritable, d'un âne à quatre jambes, que le serviteur de certain petit monsieur de ma connaissance, qui, lui aussi, n'est qu'un petit âne, un âne rétif, et qui ne fait usage des deux siennes que pour courir les champs. »

Le géant dit et disparut en ricanant.

Cette plaisanterie, dont le hasard faisait une sorte de sarcasme direct, fut pour Jean-Paul comme un coup de massue. Les géants, selon toute apparence, plaisantent lourdement.

Jean-Paul en devint rouge de honte, malgré son masque de farine. Il jeta, de colère, l'étrille à vingt pas de lui; puis il pleura à chaudes larmes; si bien que, l'amour-propre aidant, il reconnut intérieurement tous ses torts, et que peu s'en fallut qu'il prît à toutes jambes, malgré l'éloignement et la tombée de la nuit, le chemin de la maison paternelle, au risque de tout ce qui pouvait l'y attendre.

Par malheur, en ce moment de repentir, une trompette, une clarinette et une grosse caisse se firent entendre non loin de là, sur la place du village. Il n'en fallait pas tant pour distraire le pauvre converti de ses bonnes pensées naissantes.

Il courut aussitôt où l'appelait cette sauvage harmonie.

CHAPITRE VII.

Le *Marquis de la Galoche* et la *reine des îles Saimgondis* apparaissent sur la scène. — Discours séduisant du marquis. — Jean-Paul et Petit-Jacques cèdent au charme de son éloquence. — Intérieur de la troupe. — Portraiture physique et morale de son illustre chef.

C'était la troupe de saltimbanques et de montreurs d'animaux, déjà rencontrée par Jean-Paul à la foire du village voisin, qui commettait dans celui-ci cette effroyable musique.

Elle arrivait et s'annonçait dans ce nouveau village comme devant y donner plusieurs représentations, *avec la permission des autorités constituées de cette ville, et à la demande générale du public*, qui ne s'en doutait guère.

Par une singulière fatalité, cette troupe d'*artistes*, comme ils s'intitulaient eux-mêmes, choisit pour son théâtre la grange du meunier. Jean-Paul et Petit-Jacques y jouirent donc naturellement de leurs grandes entrées. Ce fut un mal pour eux : cela les mit en grande familiarité avec la troupe entière, hommes et animaux. Une heure à peine s'était écoulée, qu'ils étaient les meilleurs amis et des uns et des autres. Jean-Paul connaissait leur histoire à tous, et tous possédaient parfaitement la sienne. Il en était de même en ce qui concernait Petit-Jacques.

Cette troupe était moins florissante alors qu'elle ne l'avait été à l'époque de la foire. Le meilleur s'en était séparé. Une mésintelligence déplorable, qui s'était élevée, à propos d'une croûte de pain, entre le dromadaire du chef actuel et le chameau de son ex-associé, avait occasionné une violente querelle entre les deux maîtres, et, par suite, une scission générale de la bande. Le *Paillasse* avait suivi l'un, et le *Jocrisse* l'autre; le *Sauvage* s'était rallié à la fortune de celui-ci, et la *Femme sans tête* au destin de celui-là. Bref, par suite de cette séparation, la troupe actuelle ne se composait plus, entre autres curiosités, que du chef, qui se nommait lui-même, par une triste ironie, le *Marquis de la Galoche;* — de sa femme, la belle Lamèche, aux yeux louches, à la voix rauque, aux cheveux roux, qui se proclamait *la Reine des îles Salmigondis;* — de leurs enfants, au nombre de sept, garçons et filles, qui dansaient sur la corde, et dont l'aîné se disait *Hercule du Nord,* et le cadet *Lapo-nien;* — d'un grimacier, nommé *Panouille,* qui faisait le Jocrisse à la porte, et l'*anthropophage* dans la baraque; — d'un gros mouton, d'un coq d'Inde, d'un serpent empaillé, de deux paires d'ours, de deux ou trois lapins savants, d'un chat, d'un singe, etc.; lesquels animaux, ornés, équipés, bariolés de mille couleurs, étaient présentés à l'admiration villageoise comme des bêtes rares et curieuses.

La troupe ainsi réduite n'obtint qu'un médiocre succès à son début dans le village. Le *Marquis de la*

Galoche sentit donc le besoin de la compléter par l'adjonction de quelques phénomènes vraiment curieux. Il jeta les yeux sur Jean-Paul, dont les aventures lui étaient connues, et dont l'aptitude à faire des grimaces lui parut une mine fort riche à exploiter.

Il l'invita, après le spectacle, à souper *en famille*, c'est-à-dire avec sa femme, ses enfants, ses chiens, son chat, son mouton, ses lapins, etc.; après quoi il lui dit :

« Mon jeune ami, je déplore profondément l'état d'abjection dans lequel vous êtes dégringolé. Garçon meunier! garçon meunier! Cela peut être fort honorable, je ne dis pas le contraire; mais vous êtes appelé à beaucoup mieux. Lorsqu'on possède une physionomie comme la vôtre, qu'on a les plus heureuses dispositions naturelles, qu'on jouit d'une voix glapissante, qu'on peut en faire tout ce qu'on veut, ainsi que de sa figure, et en général tout son individu, certainement on peut prétendre à tout, civilement et politiquement parlant. Plantez-moi là vos ânes, vos sacs, votre soupe aux choux et votre père François, qui me fait l'effet d'être un hypocrite, et venez avec nous, mon jeune ami. Vous serez nourri à bouche que veux-tu? Vous serez vêtu magnifiquement, rien qu'en satin de coton, comme vous pouvez nous voir, avec de l'or sur toutes les coutures. J'ose vous prédire un véritable succès dans les Paillasses et dans les monstres vivants. Venez donc : c'est un coup de fortune pour vous. Voici l'instant ! voilà le moment! Et puis, sans nous vanter, l'état de saltimbanque est une position sociale! »

Je n'ai pas besoin de dire avec quel empressement Jean-Paul accepta la proposition.

Il fit plus : ne voulant pas se séparer de Petit-Jacques, il stipula pour celui-ci des conditions pareilles. Le *Marquis de la Galoche* jugea qu'avec un peu d'art on pouvait tirer parti de ce dernier, notamment dans les Jocrisses et dans les Iroquois. Petit-Jacques fut donc admis par-dessus le marché.

Dès le lendemain, à la pointe du jour, sans prendre congé du père François, nos deux aventuriers abdiquèrent l'étrille et le sac de farine, dirent un éternel adieu à la soupe aux choux, et s'emballèrent avec leurs camarades pour le prochain village.

Jean-Paul profita naturellement de l'occasion pour se lier plus intimement avec le singe dont il avait fait la connaissance à la foire voisine, sous de si égratignants auspices.

Qu'advint-il de fâcheux pour nos héros de cette nouvelle équipée, la plus grave qu'ils eussent commise jusque-là? C'est ce que je vais avoir l'honneur de vous dire, grâce aux laborieuses investigations auxquelles je me suis livré. Comme je tiens à ne vous raconter que des choses essentiellement vraies, je me suis vu forcé de courir le pays qui fut le théâtre de leurs aventures, et de prendre çà et là des informations fort longues à recueillir, à vérifier surtout et à coordonner. Conteur moins scrupuleux, j'aurais pu combler par des faits de mon invention les lacunes qui existaient dans mes renseignements, et, à vrai dire, j'aurais eu pour excuse l'exemple de mes confrères les romanciers, hommes de beaucoup d'esprit, qui ne se font point un cas de conscience de vous narrer leurs propres imaginations; mais moi, je suis trop véridique pour agir de cette manière, car ce n'est point ainsi qu'on doit écrire l'histoire.

Or, nous avons laissé nos apprentis saltimbanques roulant sur la grande route, dans une immense voiture de sapin, non suspendue, presque carrée, et percée de petites fenêtres; espèce de grande maison à quatre roues, traînée par deux maigres chevaux, et dans laquelle, hommes et bêtes, tout était entassé sans distinction de rang.

La distribution intérieure de cette nouvelle arche de Noé était vraiment trop bizarre pour que je me dispense de vous en faire la description. La plupart des baraques de ce genre sont construites sur ce même patron. Ce sont de grandes caisses qui se démontent en cent morceaux, quand on veut en extraire les cages d'animaux et donner, en certains endroits, ce que les saltimbanques appellent des *représentations en ville*. Lorsqu'au contraire la localité est trop peu digne de cet honneur, la voiture s'arrête sur la place et sert elle-même de salle de spectacle, au moyen d'une courte échelle que le public gravit pour s'y introduire.

Enfin, quand la troupe voyage, elle est casée ainsi : Sur l'arrière de la voiture on exile, dans leur cage, les loups, les renards, les ours, tous les animaux dangereux; viennent ensuite les caisses renfermant les boas endormis et les bêtes empaillées; puis les poulets bariolés, les poules peintes à l'huile, les canaris savants, les lièvres aguerris, les lapins qui font le mort, etc. ; puis un grand coffre contenant les provisions : du pain, du gruyère, de l'eau-de-vie et du cervelas pour les hommes, du grain et de la pâtée pour les volatiles, et quelques livres de mauvaise viande pour les quadrupèdes, le tout pêle-mêle. Enfin, à l'avant, sur de sales matelas, ou même sur de la paille immonde, sont amalgamés les chiens, les chats,

les singes, les hommes, bâillant, buvant, criant, sifflant, gambadant, hurlant, chantant, fumant.

C'est un triste tableau.

De tout cela résulte une atmosphère méphitique, au milieu de laquelle vous, mes amis, ne vivriez pas cinq minutes. Jean-Paul et Petit-Jacques en furent suffoqués d'abord.

Mais avant de nous occuper d'eux, je crois utile de publier une courte notice biographique sur le *Marquis de la Galoche,* sur son épouse et leur auguste famille.

Le *Marquis de la Galoche*, que nous continuerons d'appeler de ce nom, était un homme de vingt-huit à trente ans. On lui en eût donné quarante, tant sa figure était pâle, son œil creux, son front ridé, sa voix chevrotante et sa taille voûtée.

Son costume habituel était peu fait pour déguiser ce qu'il y avait de misérable et de déjà caduc dans sa personne. Ce costume se composait d'une paire de bottes à revers jaunes, dont les semelles étaient recousues au moyen de ficelles; d'une paire de bas chinés; d'un large pantalon de basin blanc, bouffant vers la ceinture et retroussé jusqu'aux genoux, lequel lui servait ainsi, selon la circonstance, de pantalon ou de culotte; et enfin, d'une espèce de gilet rougeâtre, parsemé de paillettes de cuivre à moitié rongées de vert-de-gris.

Sa coiffure consistait en une perruque blanche à longue queue, et en une toque de velours noir, tachée de graisse et de poussière, et surmontée de longues plumes de coq, de coq d'Inde et de paon, dégarnies, ternes, et la plupart brisées.

Ajoutez à cela que, aux heures où il ne fumait pas, le *Marquis de la Galoche* s'emplissait incessamment la bouche de grosses pincées de tabac qu'il roulait entre ses dents, qui lui bosselaient alternativement l'une et l'autre de ses joues, et lui faisaient des lèvres toutes noires.

C'est ce qu'on appelle *chiquer*.

Ce sont là d'assez mauvaises habitudes quand elles ne sont point nécessaires, et surtout la dernière, qui ne peut s'excuser que chez les marins. Vous ne sau-

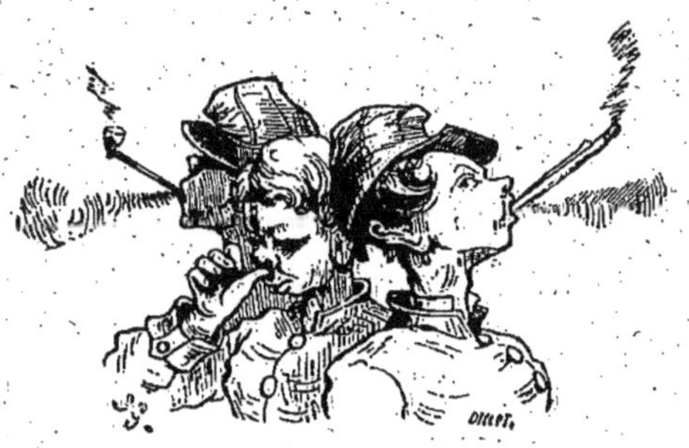

riez donc éviter trop soigneusement tout ce qui peut y ressembler, comme, par exemple, de fumer, en guise d'amusement, de minces rouleaux de papier, bourrés parfois de feuilles de thé, de tilleul ou d'anis, ou bien encore de petites branches de vigne sauvage, ainsi que font certains enfants. C'est par des simulacres de cette nature que beaucoup de grands garçons, que vous voyez maintenant fumer de vrais cigares ou de grosses et puantes pipes, au grand déplaisir de tous, ont commencé jadis leur détestable apprentissage.

Vous pouvez m'en croire d'autant plus volontiers que, moi qui vous parle, je prise et fume abominablement. La chique seule m'est encore, grâce à Dieu, étrangère, ce qui fait que je professe pour elle la plus profonde horreur.

Mais revenons au *Marquis de la Galoche*.

J'ai dit qu'en apparence il était plus vieux que son âge. Or, mes amis, si rien n'est aussi vénérable, aussi majestueux, aussi saint ici-bas que la vieillesse véritable, la pâleur qu'a faite une misère honnête, les rides qu'a creusées la souffrance imméritée, les cheveux qu'à blanchis le chagrin, rien, au contraire, n'est plus hideux à voir que ces vieillesses prématurées, ces têtes qu'a dépouillées le vice, ces traits qu'ont fanés les excès.

La physionomie du *Marquis de la Galoche* offrait malheureusement les livides caractères de cette triste précocité. Sa figure était un mauvais livre sur les pages duquel on pouvait lire, en lettres ineffaçables, comme sur la blanche muraille de Balthasar, la condamnation de sa coupable vie.

CHAPITRE VIII.

Histoire merveilleuse du marquis de la Galoche et de la reine des îles Salmigondis, ornée du portrait de ces illustres personnages, et enrichie d'une foule de pièces non justificatives.

Le *Marquis de la Galoche,* dont le vrai nom était Jules Bernard, appartenait à une famille honnête et riche qui ne négligea rien pour lui donner la plus parfaite éducation; mais ce fut argent perdu. Sa paresse, sa légèreté, son insubordination le firent successivement exclure d'une foule de colléges, qu'il traversa, n'apprenant dans chacun que cela seulement dont il eût dû se bien garder : méchants tours, mauvaises farces, laides grimaces et contorsions.

Il était d'autant plus coupable en cela, qu'on le

savait doué des plus heureuses dispositions, que sa mémoire était fidèle, et son intelligence prompte et grande.

Il eût donc pu, le voulant bien, tirer de la moindre application un excellent profit; mais non, et ses objets d'étude, même les moins arides, il les tournait en dérision.

Il n'apprit du dessin qu'à faire de mauvaises charges; de la musique, qu'à jouer du violon d'une façon baroque; de l'équitation, qu'à chevaucher à rebours et la tête tournée du côté de la croupe; de tout, enfin, que la parodie de tout.

Mais ce qui, bien plus encore, lui méritait le blâme, c'était un esprit de turbulence qui le portait à fomenter sans cesse de petits complots de dortoir, de réfectoire ou de salle d'étude, et faisait de lui le chef inévitable, le grand Catilina de toute insurrection scolastique.

Vous pensez bien qu'après dix ans employés de cette manière, il devait être non moins ignorant que le premier jour.

Ses parents abusés l'envoyèrent ensuite étudier le droit, qu'il étudia comme il avait fait le latin, le grec, l'histoire, les mathématiques.

Ses journées et ses nuits, il les passait dans les cafés, dans les estaminets, dans les maisons de jeu; de telle sorte qu'après trois ans de cours il s'entendait à exécuter un carambolage beaucoup mieux qu'une thèse. Ce fut le plus sot avocat que possédât la France, ce qui ne fait pas son éloge; mais en revanche, disait-il en riant, il était le plus fort joueur de cartes, le plus grand perdeur de temps, le plus inutile viveur que possédât Paris, ce qui, non plus, n'est pas louer Paris.

Jusque-là cependant, la bourse de son père, qu'il trompait, le malheureux, sur la perversité de ses penchants, avait suffi à défrayer ces premiers débordements. L'argent qu'on lui envoyait pour acheter des livres et payer ses inscriptions, il le mangeait à rester ignare; les sommes destinées à son nécessaire, il les gaspillait en superflu. Il dissipait tout, même le prix de ses hardes, qu'il vendait ou mettait en gage; même son avenir, qu'il escomptait follement en emprunts usuraires.

Car, mes amis, il existe à Paris, dans cet univers de sept lieues de tour, dans ce monde des extrêmes, où le bien, le mal, la vertu, le crime, l'innocence, tout cela vit pêle-mêle, marche côte à côte, pressé, empilé, superposé, il existe des espèces de vampires qui s'attachent comme des sangsues à l'avenir des étourdis, des sots, des crédules, des dissipateurs surtout; qui leur aplanissent, par de funestes avances, le chemin du vice, et consomment leur ruine avant même qu'ils possèdent rien.

Ces banquiers du vice, ces voleurs patentés, plus dangereux cent fois que les voleurs de grandes routes, donnent peu aujourd'hui pour recevoir beaucoup demain.

Et comment donnent-ils?

Un seul exemple vous fera connaître toute leur voracité, en même temps que la stupide dépravation du jeune fou qui consent à puiser dans leur coffre.

Jules Bernard emprunta trois mille francs d'un de ces infâmes grugeurs. Vous croyez peut-être qu'il reçut en effet les trois mille francs promis?

Point. L'usurier lui compta deux cents francs en espèces; puis lui remit, en valeur du surplus, pour trois cents francs de bonnets de coton, deux cent cinquante de tire-bouchons, cent soixante-quinze de fil d'archal, cent quatre-vingt-sept de flageolets, cent vingt-cinq de sirop de guimauve, cent quarante-sept de bas de filoselle, cent cinquante-trois de manches à balai, cinquante-sept de petits serins savants, cent quarante-deux de pelles et pincettes, cent trente-trois de béquilles, quatre cent trente-cinq de toiles pour paillasses, deux cent cinquante de divers objets de quincaillerie, tels que couteaux, ciseaux, porte-mouchettes, aiguilles, fers à repasser, etc., et enfin pour six cent quatre-vingt-dix de souricières en bois; tous

objets de hasard qu'il racheta de l'emprunteur, immédiatement, à trois quarts de perte, pour les porter sans doute à d'autres dissipateurs et les racheter de même.

Ces divers objets, y compris les deux cents francs en espèces qu'il avait comptés à Jules Bernard produisirent un total d'à peu près neuf cents francs, sur lesquels il retint en outre, pour les intérêts à échoir, trois cent cinquante-cinq francs soixante-quinze centimes.

Resta donc, pour le futur *Marquis de la Galoche*, la faible somme de cinq cent quarante-quatre francs vingt-cinq centimes, en échange de laquelle il remit au vieux fripon, qui le voulut ainsi sous prétexte des éventualités de non-remboursement qu'il avait à courir, un billet de vingt mille francs.

Oui, un engagement de vingt mille francs, contre cinq cent quarante-quatre francs vingt-cinq centimes, seules valeurs qu'il eût vraiment reçues!

Et ne croyez pas que ce soit un vain conte. Tous les jours, à Paris, il se passe dans l'ombre, pour la désolation des familles, d'aussi infâmes transactions, infâmes des deux parts : de celle de l'emprunteur, comme de celle du prêteur.

Car, mes amis, deux vices bien opposés affligent la société, l'avarice et la dissipation : l'avarice, aux formes plus hideuses peut-être; la dissipation, aux suites plus funestes; l'avarice, qui du moins ne compromet que le présent; la dissipation, qui compromet présent, avenir, passé, tout, et qui n'enfante, pour soi comme pour les autres, que honte, que misère, que désespoir, trop souvent même que déshonneur.

Ce ne fut pas la seule fois que Jules Bernard eut recours à ces détestables ressources, à cet achat d'un peu de cuivre présent, au prix de beaucoup d'or à venir.

Ce ne fut pas la seule fois qu'il jeta de la sorte au vent son futur patrimoine; qu'il engagea d'avance, pour satisfaire d'odieuses fantaisies, ce qu'il y a de plus auguste au monde après l'infortune, après la vertu, après la probité du pauvre : une fortune honorablement acquise.

Ce ne fut pas la seule fois qu'il convertit, pour ainsi dire en mauvaises actions, en folies de toutes sortes, les sueurs, les veilles, les sages économies de son père.

Mais vint enfin la fatale échéance des promesses qu'il avait souscrites, vinrent les poursuites judiciaires, et vint alors, pour son vieux père, l'entière révélation des désordres de son fils.

La colère du vieillard fut vive, d'autant plus que son indulgence avait été plus longue. Il refusa obstinément de réparer tant d'irréparables folies. C'eût été mal que l'essayer : il est des fautes que le châtiment seul peut effacer, et non plus le pardon.

Le futur *Marquis de la Galoche* fut donc mis en

prison pour dettes. Il y demeura les cinq ans de rigueur, au bout desquels il se trouva, sans ressource, sur ce pavé de Paris, d'où, au temps de sa fausse opulence, la roue de ses tilburys d'emprunt avait tiré de si fugitives étincelles.

La faim alors le força de prendre quelque état. Il essaya de vingt. Son ignorance, son humeur revêche et sa fainéantise le rendirent impropre à tout.

Enfin, ne sachant plus quoi tenter, honni partout, misérable, affamé, vagabond, méprisé même, pour comble de mépris, de tous ceux qu'il méprisait lui-même, il fit rencontre de la célèbre *Lamèche,* la *Reine* soi-disant *des îles Salmigondis;* reine aux yeux louches, à la voix rauque, aux cheveux roux, à l'épaisse encolure, dont la robe blanche, à corsage rouge, brodé de paillettes de cuivre, et à taille montant jusqu'au milieu du dos, faisait bien l'être le plus disgracieux de toute la création.

Cette étrange créature, mes amis, était encore une vivante et triste preuve de tout ce qu'ici-bas l'on sacrifie d'estime, de repos, de bonheur véritable à quitter le sentier facile de la vie ordinaire, pour se jeter à l'aventure dans les mille chemins d'une existence désordonnée.

Issue d'une pauvre et honnête famille, Mariette (c'était son nom avant qu'elle se fût, de ses mains, couronnée du burlesque diadème des *îles Salmigondis*). Mariette eût pu vivre décemment, en se fiant, pour vivre, aux labeurs habituels des femmes de son état; mais point : elle était impatiente de ces travaux modestes; elle rêvait quelque chose de moins obscur que le toit domestique, quelque chose de moins arrêté, de moins symétrique, de plus tumultueux que l'existence commune. La vie nomade, la vie indécise des saltimbanques, ces bohémiens de notre âge, séduisit sa folle imagination.

Elle partit; pour où? pour le hasard!

Le montreur de curiosités qu'elle avait épousé d'abord, le surnommé *Galimafré,* fut dévoré, bientôt après son mariage, par un jeune ours qu'il s'était donné beaucoup de peine à apprivoiser. C'était un de ceux dont la peau fait maintenant encore l'ornement de la ménagerie.

Ce fut peu de temps après que sa veuve inconsolable rencontra Jules Bernard par les grands chemins.

Jules Bernard, qui se nomma dès lors *Marquis de la Galoche,* épousa tout, veuve et animaux.

Voici bientôt dix ans qu'il vit, avec la soi-disant

Reine des îles Salmigondis, en une douce communauté de tours de force : — lui, expliquant ses bêtes aux badauds, faisant des tours de gibecière, et mangeant des verres à boire sans en être incommodé ; — elle, dansant sur la corde, soulevant des quintaux avec ses

dents, et avalant des sabres ; — lui, ayant apporté en ménage, pour sa part, un verbiage inépuisable et un estomac à toute épreuve ; — elle, ayant apporté pour dot sa ménagerie, une mâchoire infatigable et un gosier d'une étonnante complaisance ; — tous deux enfin, se querellant, s'injuriant, se détestant, battant leurs bêtes, battant leurs enfants, et se battant l'un l'autre.

Triste existence, mais juste châtiment!

Tels étaient, mes jeunes lecteurs, les deux illustres chefs de cette misérable troupe où Jean-Paul et Petit-Jacques ne craignirent pas de se fourvoyer. J'ai cru indispensable de vous communiquer ces renseignements préliminaires, afin de rendre plus intelligibles les nombreuses aventures qu'entraîna pour eux leur coupable imprudence. Ce sera là la matière des chapitres qui vont suivre, lesquels, vous pouvez m'en croire, ne seront pas moins véridiques que les précédents.

CHAPITRE IX.

Premier voyage des saltimbanques. — Tableau d'intérieur. — Quatrième réapparition du géant. — Un heureux malheur. — Le nectar des Dieux. — Arrivée de la troupe au village voisin. — Improvisation de leur salle de spectacle. — Étranges métamorphoses de Jean-Paul et de Petit-Jacques. — Jean-Paul se voit condamné à deux heures de clarinette forcée.

Lorsque, après leur mystérieuse évasion de chez le père François, nos deux aventuriers se virent dans la grande caisse que vous savez, au milieu du hideux personnel que je vous ai décrit, et quand, faute d'habitude, ils furent d'abord comme asphyxiés par l'odeur pestiférée qui résultait de cet entassement d'hommes, d'animaux et de grossiers comestibles, ils regrettèrent au fond de l'âme de s'être laissé prendre aux belles promesses du *Marquis de la Galoche*.

Toutefois, ce premier dégoût surmonté, ils trouvèrent un certain plaisir de niais à cette manière de continuer leur grand voyage autour du monde, ainsi que Jean-Paul avait appelé leur pénible escapade.

Ce fut pour ce dernier surtout une sensation presque agréable que d'être couché là, tout de son long, à sa guise, sur une litière de paille, n'ayant rien à faire, et d'être comme bercé par de nombreux cahots, en se sentant rouler sans savoir où; Jean-Paul fermait les yeux, se laissait aller comme un mort à ce bien-être de fainéantise, à ce mélange de repos absolu et de mouvement sans cesse.

De temps en temps, pour varier ses plaisirs, il rouvrait à demi les yeux, se soulevait, et, la tête appuyée sur sa main, regardait machinalement, par l'espèce de petite lucarne qui se trouvait à son niveau. Grâce à la marche de la charrette, et sans qu'il eût même la peine de promener son œil sur la campagne, la campagne se déroulait peu à peu; et les champs passaient, les maisons passaient, et les arbres passaient, et les plus rapprochés surtout, ceux qui bordaient la route, passaient vite et semblaient courir : c'était comme une lanterne magique.

Ce fut au milieu de cette fantasmagorie d'objets

qui traversaient rapidement le cadre immobile du mobile tableau, qu'il lui sembla distinguer le grand squelette que vous connaissez, cet être fantastique qu'une cause mystérieuse lui faisait rencontrer toujours. Il crut d'abord que c'était un des peupliers du chemin ; mais une seconde apparition du fantôme ne lui laissa plus aucun doute.

C'était lui ! c'était le Géant !

Jean-Paul eut peur ; il baissa vivement la tête et n'osa plus regarder au dehors.

D'autres préoccupations vinrent alors le distraire. L'intérieur de la voiture présentait un spectacle qu'il est impossible de peindre.

Le *Marquis de la Galoche*, à demi couché sur un matelas, les jambes croisées, l'air grave comme un pacha qui préside son conseil, fumait une longue pipe dont l'élastique tuyau faisait dix fois le tour de son corps avant d'arriver à sa bouche. La pipe était placée dans son gousset. Il appelait cela un poêle portatif. De temps en temps il avalait de longues gorgées d'eau-de-vie.

La *Reine des îles Salmigondis*, assise en face de lui, allaitait son dernier principicule, et buvait de l'eau-de-vie aussi.

Quant aux sept autres enfants, ils étaient si bien enchevêtrés les uns avec les autres, qu'on n'aurait pu distinguer, au premier coup d'œil, si telle jambe appartenait bien à tel corps, si tel corps se terminait bien par telle tête, si telle tête conduisait bien à telle main.

Cet état de choses devait nécessairement occasionner de continuelles réclamations.

« Oh! la jambe!...

— Oh! le bras!...

— Laisse-moi donc retirer ma jambe!

— Hé! non, c'est la mienne!

— Laisse-moi donc retirer mon bras!

— Tiens! je croyais que c'était le bras de Coco!

— Fifi, veux-tu rester tranquille! tu es toujours à remuer et à m'enfoncer ton coude dans les côtes!

— Oh! la la! Oh! la la! Fifi qui vient de me mettre son doigt dans l'œil! »

Et alors les injures commençaient : puis venaient les coups de poing, puis les coups de pied, puis les tire-cheveux, puis les bousculements universels.

Le *Marquis de la Galoche* était toujours obligé de se servir du fouet pour rétablir la tranquillité. Mais

c'était à recommencer à chaque instant, et il arriva plus d'une fois que, sans faire partie des combattants, Jean-Paul et Petit-Jacques attrapèrent quelques pinçantes éclaboussures du fouet.

Car le *Marquis de la Galoche* n'était pas très-impartial dans ses justices distributives; il frappait toujours au hasard, s'en remettant à la justice divine du soin de diriger équitablement sa lanière.

Enfin, le grand *Panouille*, qui cumulait les fonctions de cocher, de palefrenier et de paillasse de la troupe, était assis sur le devant et conduisait. Soit insouciance, soit confiance en ses chevaux, soit ivresse même (car il était le seul qu'en raison de son âge le *Marquis de la Galoche* admît régulièrement à la participation de sa bouteille d'eau-de-vie), toujours est-il qu'il s'en remettait trop complétement aussi à la Providence du soin d'éviter les ornières.

La Sagesse dit : *Aide-toi, le Ciel t'aidera!* Or, Panouille ne s'aidant pas, le Ciel ne l'aidait pas, et il arriva qu'après avoir accroché, je ne sais combien de fois, les charrettes qui passaient, et manqué de verser dans je ne sais combien de fossés, la voiture grimpa mal à propos sur un de ces gros tas de pierres qui bordent les grandes routes, ce qui la fit s'arrêter, pencher, hésiter et tomber sur le flanc.

Heureusement, la boue, qui était épaisse en cet endroit, amortit la culbute. On en fut quitte pour quelques contusions. Mais l'accident avait causé un étrange bouleversement dans la ménagerie. Ce furent des cris, des hurlements, des aboiements, des vociférations d'hommes et d'animaux, à faire dresser les cheveux sur la tête des passants.

Celui des culbutés qui cria le plus fort, ce fut naturellement Jean-Paul. Il était tombé sur le singe et se sentait vigoureusement pincer par cet animal, peu patient de sa nature, et qui, depuis le jour de la foire, lui gardait, comme il vous en souvient, une implacable rancune.

Il est juste de signaler aussi un vieux loup-cervier, qui, se voyant couché sur le dos dans sa cage, protestait énergiquement contre cette position, peu confortable, même pour un loup.

Enfin, après une demi-heure de cette bruyante confusion, il se trouva beaucoup d'étrangers sur la route, parmi lesquels un homme d'une taille gigantesque et d'une force prodigieuse, qui à lui seul contribua plus que tous les autres à remettre la voiture sur ses quatre roues.

Quel était cet homme?

On n'en sut rien, car, aussitôt que la besogne fut faite, il disparut.

La troupe offrit alors un incroyable aspect : habits, mains, visage, tout était couvert de boue.

On se lava au ruisseau voisin; chacun reprit ensuite sa place, et l'on se remit en route, un peu plus propre que d'habitude. A quelque chose malheur est bon.

Cependant il commençait à se faire tard, et nos malheureux touristes n'avaient encore rien mangé de la journée. Plusieurs petites distributions de comestibles avaient été faites, aux animaux d'abord (car, dans une ménagerie bien ordonnée, les animaux marchent toujours avant les hommes), et ensuite aux enfants du *Marquis*, sans que Jean-Paul ni son camarade, à qui tant de belles promesses culinaires avaient été faites avant leur départ, s'en fussent vu tendre encore la plus légère parcelle. Ils tombaient d'inanition et regrettaient sincèrement la bonne soupe aux choux et le succulent porc frais qu'ils avaient quittés avec tant d'ingratitude. Enfin, la *Reine des Salmigondis* daigna prendre la parole dans la langue particulière aux personnes de sa qualité, et, d'une voix dont l'enrouement prouvait l'influence gutturale de l'eau-de-vie, adressa ce touchant discours à son peuple affamé :

« Enfants, il n'y a pas gras aujourd'hui. Il ne faut pas vous attendre à faire bombance avant la représentation de ce soir. Encore même, si la recette ne donne pas, bernique! Or donc, pour le quart d'heure, nous ne possédons qu'une demi-livre de pain et un morceau de saucisson. Il n'y en aurait pas pour tout le monde, et voilà pourquoi, afin de ne pas faire de jaloux, je garde le tout pour moi. Mais pour ce qui est de l'eau-de-vie, c'est différent : en voici une bouteille presque pleine. Bourrez-vous-en! je n'en veux plus. C'est nutritif, c'est léger, c'est un véritable velours sur l'estomac. »

Jean-Paul et Petit-Jacques ne se firent pas répéter l'invitation de Sa Majesté, car ils eussent mangé des

pierres et bu du vinaigre des Quatre-Voleurs. Quand leur tour fut venu, et il vint le dernier, ils prirent donc avidement leur part du velours liquide de Sa Majesté; mais le poivre que contenait cette grossière boisson leur incendia le gosier, en même temps que l'alcool leur grisa le cerveau. Leur palais devint brûlant et sec, et leurs yeux flamboyèrent. Ils eurent un violent accès de fièvre.

Sur ces entrefaites, on arriva dans le village vers lequel on s'était dirigé.

L'écurie du *Cheval-Blanc* fut le lieu qu'on choisit pour salle de spectacle.

On y déposa carrément quelques vieilles tapisseries; on plaça sur deux rangs, au fond, les cages d'animaux; on dressa, en avant, l'appareil de la corde à danser, la table aux tours de gibecière et le tapis aux cabrioles; et enfin, à l'extérieur, au-dessus de l'entrée de ce théâtre, qu'on ferma d'un rideau mobile, de couleur rouge, on éleva des tréteaux pour ce qui s'appelle la *bagatelle de la porte*.

Cela fait, on songea sans retard à donner de la publicité à l'arrivée de la troupe, car il fallait gagner de quoi souper.

Le *Marquis de la Galoche* fit habiller Jean-Paul en Jocrisse, et Petit-Jacques en Cassandre. Ce double costume avait été fait pour de grandes personnes, si bien que nos travestis avaient l'air d'être vêtus de sacs. La queue rouge de Jocrisse tombait jusque sur les talons de Jean-Paul, et la culotte de Cassandre descendait à Petit-Jacques jusque sur ses souliers, comme eût pu faire un pantalon. Ils étaient très-plaisants à voir.

Lorsque cette toilette fut terminée, qu'on eut saupoudré leurs perruques de farine et barbouillé leur figure de fards de différentes couleurs, le *Marquis de la Galoche* s'avisa de la plus étrange fantaisie qui puisse passer par la tête d'un homme; mais ses nombreuses libations d'eau-de-vie l'avaient mis, comme toujours, dans un état d'ivresse à vouloir les choses les plus déraisonnables et à n'admettre aucune remontrance.

Il dit donc aux deux apprentis, dans son argot de saltimbanque :

« Or donc, mes jeunes Talmas, nous allons annoncer à tout l'univers la brillante représentation de ce soir. Il ne s'agit pas d'avoir ses mains dans ses poches! En avant la musique! en avant la grosse caisse et tout le tremblement! Toi, Panouille, tu vas prendre ton violon. Toi, Jacquot (c'est ainsi qu'il nommait Petit-Jacques), tu vas te mettre cette grosse caisse sur le dos, et ce pompon au coude droit. Très-bien! Et maintenant ce chapeau chinois sur la tête. Très-bien! Et maintenant...

— Comment! ce n'est pas tout? s'écria Petit-Jacques.

— Voyez-vous le gaillard! reprit le *Marquis de la Galoche*. A présent qu'il s'est bien repu de trois-six, ce vrai nectar des dieux, le fainéant voudrait se croiser les bras! Minute, mon garçon, minute! Il faut que chacun se rende utile à la société, suivant sa capacité individuelle; je ne connais que ça! Continuons. Et maintenant, disais-je, tu vas te mettre ce chalumeau sur l'estomac, ces grelots aux pieds, ces cymbales entre les genoux, ce triangle au coude gauche, cette guitare à la main et ce flageolet dans le nez. Très-bien! Et maintenant, remue la tête, les coudes, les genoux, les doigts, les pieds, les mains, et souffle, souffle! Bien, très-bien! Démène-toi comme un possédé! Très-bien! Te voilà maintenant un des premiers virtuoses de la terre et même de l'Europe! »

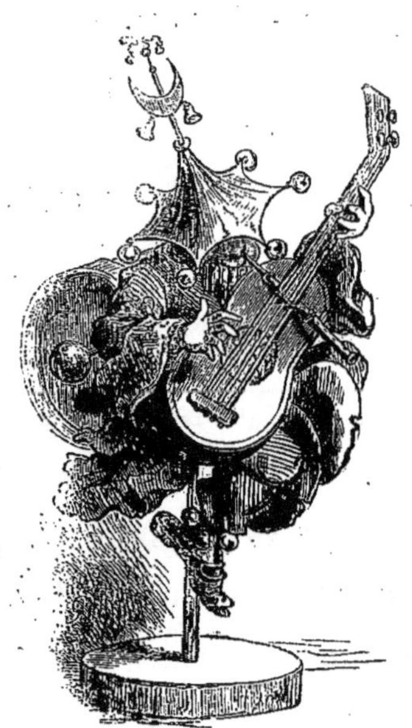

On devine quel horrible charivari cela devait faire. Petit-Jacques fut lui-même effrayé de s'entendre.

Le *Marquis de la Galoche* se tourna ensuite vers Jean-Paul, qu'il appelait Jeannot, au grand déplaisir de celui-ci :

Tu vas jouer de la clarinette, c'est convenu.

« A ton tour, mon garçon, lui dit-il, et ne sois pas jaloux de ton camarade : son orchestre te reviendra une autre fois, car j'aime qu'on soit propre à tout, et qu'on se rende utile à la société dans toutes les carrières. En attendant, tu vas prendre cette clarinette.

— Et que voulez-vous que j'en fasse?

— Ce que je veux que tu en fasses? Eh mais, ce n'est pas une perche à araignées, j'imagine! Tu vas en faire ce que l'on fait d'une clarinette.

— Mais je ne sais pas en jouer.

— Erreur, mon garçon! Tu dois savoir en jouer. La clarinette est un instrument mélodieux et facile, dont tout le monde sait jouer naturellement. J'ai vu des enfants qui venaient de naître, et qui vous manœuvraient cela comme père et mère.

— Mais, je vous dis...

— Silence! je n'aime pas les réflexions. Tu vas jouer de la clarinette, c'est convenu.

— Mais...

— Il n'y a pas de mais qui tienne! Je te dis que tu vas jouer de la clarinette!

— Mais encore...

— Tu t'obstines!... Il est possible, au fait, que la nature t'ait traité en marâtre sous le rapport de cet instrument. Mais rassure-toi : je vais t'enseigner la chose. »

Et le *Marquis de la Galoche* distribua à Jean-Paul quelques taloches en guise de leçon.

« Voilà comme je forme les virtuoses, moi ! C'est une méthode que je tiens du Conservatoire de Paris. Maintenant, réponds sans crainte, sais-tu jouer de la clarinette ? »

Jean-Paul crut devoir se contenter de la première leçon ; il souffla de toutes ses forces dans l'instrument, et en tira ce qu'on appelle des *canards*, c'est-à-dire des sons criards qui firent grincer des dents le loup-cervier lui-même.

Le *Marquis de la Galoche* n'en demandait pas davantage.

« Bravo ! s'écria-t-il. C'est une méthode infaillible. Les clarinettes du Grand-Opéra n'ont pas été formées autrement. Tu ne tires encore qu'une seule note de l'instrument, c'est juste, ou plutôt c'est faux, mais c'est assez, car les personnes qui aiment cette note en seront d'autant plus enchantées. Et maintenant, en avant, marche ! »

Le *Marquis* prit sa trompette, et la troupe des virtuoses s'étant juchée sur la voiture, se mit à parcourir le village en exécutant une symphonie dont rien ne peut donner l'idée, si ce n'est la musique, prétendue pittoresque et dramatique, de certains compositeurs contemporains, lesquels proclament que Mozart, Haydn, Rossini, sont des génies insuffisants; que la mélodie est une qualité accessoire, sinon parfaitement inutile, et que le vrai beau, c'est le laid.

Tous les chiens du pays prirent part au concert de nos artistes improvisés. Ce fut un tapage infernal dont les habitants, hommes et caniches, conserveront longtemps l'abominable souvenir.

CHAPITRE X.

Grand programme du spectacle.

De distance en distance, la voiture faisait halte, et là, après l'exécution d'une nouvelle symphonie fantastique, le *Marquis de la Galoche* portait délicatement le dessus de sa main droite à la hauteur de l'œil, par forme de salut militaire, et prenait la parole en ces termes sacramentels :

« Avec la permission des autorités constituées de « cette *ville*, et à la demande générale des amateurs, « l'incomparable troupe du *Marquis de la Galoche* et « de la *Reine des îles Salmigondis* donnera ce soir une « première séance de voltige, de prestidigitation et « d'animaux féroces, au grand théâtre du *Cheval « Blanc*.

« Je craindrais de fatiguer l'attention de l'hono- « rable société en lui donnant le détail minutieux du « spectacle ; il me faudrait d'aujourd'hui jusqu'à de- « main, seulement pour dérouler la liste de toutes les « choses curieuses que l'on y pourra voir. Je n'en- « treprendrai donc point une pareille tâche. Et par « exemple :

« Vous y verrez, messieurs et dames, le *Marquis « de la Galoche* lui-même escamoter n'importe quoi, « l'or, l'argent, les bijoux, les mouchoirs de poche « de toutes les personnes qui voudront bien l'honorer « de leur confiance. »

(*Nouveau salut militaire.*)

« Vous le verrez escamoter un individu de gran-

« deur naturelle, et le faire se trouver n'importe où, « au choix du public.

« Vous y verrez, messieurs et dames, le petit « *Colibri*, jeune enfant de trois ans, danser sur la « corde sans balancier, comme les auteurs mêmes de « ses jours, et y faire le grand écart avec autant de « facilité que vous en pourriez mettre à boire un verre « de vin.

« Vous y verrez la jeune *Mia-Mia-Ou* lever, à « la force du poignet, une barre de fer du poids de « deux cent cinquante-deux livres, et se plier à la « renverse, comme celui qui « l'a inventée, de manière « à pouvoir se nouer ni plus « ni moins qu'une corde.

« Vous y verrez Sa Ma- « jesté la *Reine des îles Sal-* « *migondis* se nourrir de « cailloux et avaler des sa- « bres, sans en être nulle- « ment incommodée. C'est, d'après les plus illustres « voyageurs, la seule nourriture des naturels de son « royaume.

« Vous y verrez l'intéressant *César*, jeune chien

« rempli d'intelligence, qui calcule comme s'il n'avait

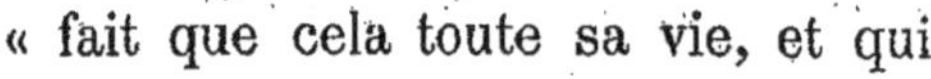

« fait que cela toute sa vie, et qui « vient de captiver l'honorable suffrage de l'Académie des Sciences.

« Vous y verrez le grand *homme* « *des bois*, qui a été rapporté de « Tombouctou par le savant amiral « d'Urville, et qui désignera, à pre« mière vue, la personne « la plus spirituelle de la « société.

« Vous y verrez, mes« sieurs et dames, le grand « *hippopotame*, animal fort « gracieux, qui ressemble, « comme deux gouttes

« d'eau, au simple loup d'Eu« rope, ce qui le rend très« curieux à voir.

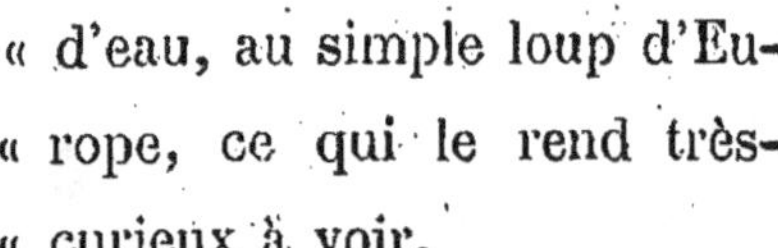

« Vous y verrez le *petit* « *canari savant*, qui tire le « canon comme si c'était son « état. Cet intéressant volatile

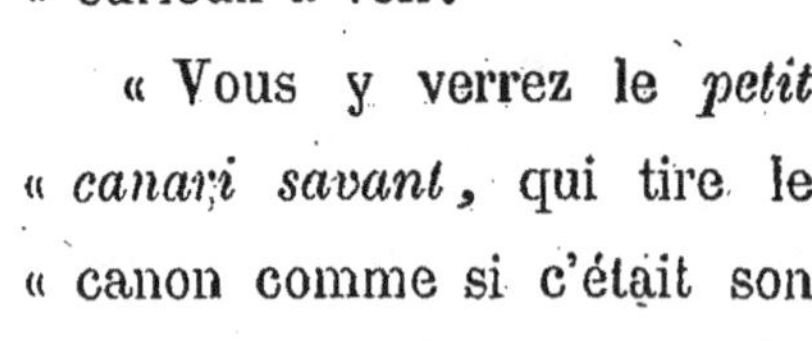

« a fait ses études à l'école d'artillerie royale de

« Metz en Lorraine, où il avait été placé par Son
« Excellence monseigneur le ministre de la guerre.

(*Nouveau salut.*)

« Vous y verrez *Coco*, jeune lièvre qui bat de la

« caisse comme le premier fantassin venu, et qui a
« remporté le grand prix de son art à la dernière
« revue du Champ-Mars, à Paris.

« Vous y verrez le grand *boa constrictor*, le même
« qui se battit, au siége d'Alger, pour la défense de

« son légitime souverain, contre un tambour-major de « l'armée française, et fut fait prisonnier par ce héros, « lequel lui plongea sa canne dans la gueule jusqu'au « fond des entrailles. La preuve, messieurs et dames, « que je ne vous en impose point, c'est que j'aurai « l'honneur de mettre la canne sous vos yeux, avec un « certificat, signé de plus de deux cents maires des « principales communes de France, et attestant comme « quoi c'est bien un véritable boa, ainsi qu'une véritable « canne. Il n'y manque que le tambour-major, qui est « en congé pour le quart d'heure; mais si notre séjour « se prolonge dans cette ville, je pourrais vous en pro- « curer la satisfaction.

« Et ce n'est pas tout, messieurs et dames... Mais « à quoi bon vous en dire davantage?

« Vous y verrez *deux jeunes sauvages* que j'ai fait « venir tout exprès, pour captiver vos suffrages, du fin « fond du Mississipi, en même temps que le singe que « j'ai l'honneur de vous présenter. — Allons, sautez « *Muscade!* Faites le beau, et saluez l'honorable « société! »

Le *Marquis de la Galoche* frappa de sa baguette un petit singe qui gambadait sur le dos du cheval, et qui se mit à faire quelques-unes de ses grimaces, ce qui réjouit beaucoup l'assistance, et commença d'ébranler les plus fortes incrédulités.

Le *Marquis de la Galoche* continua ainsi :

« Vous y verrez en outre, messieurs et dames, un
« animal extrêmement rare, et même peu commun. Il
« n'y en a que trois de son espèce : — celui-ci, qui

CANIS CROCODILUS. (Mogol).

« vient d'être acheté par Sa Majesté l'empereur de
« toutes les Russies (*nouveau salut*) ; — un second,
« qui est visible à la ménagerie de Sa Majesté Tschinn-
« Tschinn-Tschinn, grand empereur de tous les Mo-
« gols, dont il fait les délices et l'ornement (*nouveau*
« *salut*); — et un troisième, messieurs et dames, qui
« se voit dans le célèbre M. de Buffon, ce prince des
« naturalistes (*salut prolongé*)!... »

La foule accueillit par un murmure d'assentiment cet hommage à M. de Buffon.

Après avoir porté la main à son cœur, en signe de remerciement, le *Marquis* continua fièrement sa harangue en ces termes :

« Vous y verrez encore, messieurs et dames, une « foule d'autres animaux féroces, tous plus agréables « les uns que les autres.

« Enfin, dans le but de varier vos plaisirs et de « joindre l'utile à l'agréable, nous vous donnerons, « pour la bonne bouche, la représentation d'un de ces « combats à outrance entre deux ours de la mer Gla-

« ciale et quatre superbes boule dogues, tels qu'ils se « pratiquent, les jours de grande fête, à la cour de « Sa Majesté le roi de toutes les Espagnes, dont Sa « Majesté la reine est très-sensible à ce genre de ré- « création. » (*Nouveau salut empreint d'une grâce toute chevaleresque.*)

« Or, messieurs et dames, la troupe que j'ai l'hon- « neur de vous offrir est la seule et unique de son « espèce qui voyage en Europe. Après avoir fait les « délices de toutes les capitales des quatre parties du « monde, elle se rendait à Paris, où elle est vivement « attendue pour y donner des représentations devant « la cour des Tuileries, lorsque, en passant par votre « estimable ville, le site nous en a plu. Nous avons « bien voulu nous y arrêter, pour nous reposer quel- « ques instants des fatigues d'un long voyage. Profitez « de l'occasion, messieurs et dames; voici l'instant! « voilà le moment!

« Mais, me direz-vous, toi qui nous parles ici, « combien prends-tu pour nous montrer tes curio- « sités?

« Combien, messieurs et dames? Je n'ose vous le « dire!

« Partout, messieurs et dames; partout, à Lon-

« dres, à Berlin, à Saint-Flour, à Madrid, à Pézenas, « à Vienne, à Carcassonne, à Moscou, à Pékin, à Car- « pentras et autres capitales, en un mot, dans toutes « les grandes villes du monde, j'ai toujours pris « trois francs, cinq francs, dix francs et même vingt « francs par personne. Toutefois, messieurs et dames, « pour mettre ma ménagerie à la portée de toutes les « intelligences et reconnaître l'accueil flatteur qui nous « a été fait dans votre belle cité, ce ne sera ni vingt « francs, ni dix francs, ni cinq francs, ni même trois « francs; ce sera... combien?... la simple bagatelle... « de deux sous!

« Oui, messieurs et dames, de deux sous par per- « sonne! Encore même, ceux qui ne voudront pas « changer leurs pièces blanches (car la monnaie est « une chose qui s'en va si vite, hélas!), ceux-là pour- « ront payer leur place en nature, en produits du « pays, en pain, en vin, en jardinage, en pommes de « terre, en fromage blanc, en n'importe quelle denrée. « Il faudrait ne pas avoir deux sous dans sa bourse, « il faudrait ne pas avoir le moindre morceau de fro- « mage dans sa poche pour s'en refuser la fantaisie.

« Entrez donc, messieurs et dames! voici l'instant! « voilà le moment!

« En avant la musique! »

A ces mots, la symphonie fantastique retentissait de nouveau, au grand déplaisir des caniches de la localité.

Je vous ai rapporté, mes jeunes amis, les paroles textuelles du *Marquis de la Galoche,* afin de vous montrer tout ce qu'il y a de hableries dans les discours des gens de cette espèce, et de vous ôter une fois pour toutes l'envie d'assister, comme les flâneurs de Paris, aux parades des jongleurs qui peuplent nos places publiques.

CHAPITRE XI.

Jean-Paul en Jocrisse. — Jean-Paul débute sur les tréteaux. — Sixième réapparition du géant. — Chute de Jean-Paul dans la recette de la troupe. Dans quel piteux état il est retiré. — Le *Marquis de la Galoche* a une idée !

Lorsque la troupe eut ainsi parcouru le village et que le chef des saltimbanques eut débité à chaque coin de rue son ampoulé verbiage, on revint, musicalement toujours, à l'écurie du *Cheval-Blanc*, où l'on se disposa pour la représentation promise.

L'affluence des badauds fut grande, en raison des séduisantes facilités qui leur avaient été données pour le payement. Peu d'entre eux l'effectuèrent en argent. Deux tonneaux avaient été placés à la porte, dans l'un desquels furent déposées les carottes, les pommes de terre, les laitues, etc., tandis que l'autre reçut les œufs et les fromages frais qu'apportèrent les paysans pour prix de leur entrée.

Afin de décider les amateurs qu'un reste de scepticisme retenait à la porte, le *Marquis de la Galoche* fit monter sa musique sur les tréteaux extérieurs. Une nouvelle symphonie fantastique fut exécutée à grands tours de bras, pour appeler dans la ruche ces abeilles incertaines.

Cet harmonieux moyen n'ayant réussi qu'à moitié, le *Marquis de la Galoche* s'avisa d'un dernier expédient, qui devait être pour Jean-Paul la cause d'une terrible catastrophe.

Il imagina de faire jouer une parade, pour mieux séduire les récalcitrants. Panouille, le Jocrisse ordinaire, était en train de s'habiller en singe pour figurer l'*homme des bois* annoncé. Le *Marquis de la Galoche*, que son état d'ivresse normale empêchait de jamais douter de rien, pensa donc à charger Jean-Paul de remplacer Panouille.

« Comment voulez-vous que je le remplace? lui

objecta Jean-Paul. Je ne sais pas un mot de ce qu'il faut dire.

— Qu'est-ce que cela fait? répliqua son impitoyable maître. Il n'est pas nécessaire que tu saches rien dire. Pourvu que tu répondes oui ou non, que tu fasses des grimaces, et que tu saches te laisser battre, l'affaire ira parfaitement.

— Comment! me laisser battre?

— Il n'y a absolument que cela à faire dans le rôle de Jocrisse. Il me semble que ce n'est pas difficile.

— Mais du tout! je ne veux pas moi!

— Ah! tu ne veux pas?... Il est possible, au fait, que tu ne saches pas la chose. En ce cas je vais te l'apprendre. C'est encore une méthode que je tiens du Conservatoire, classe de déclamation. »

Jean-Paul reçut alors, en guise de leçon dramatique, deux ou trois nouvelles taloches. Il en pleura de rage; mais, en définitive, son professeur de coups avait des arguments si concluants qu'il n'y avait pas moyen de lui résister.

Jean-Paul monta sur les tréteaux, tout en comparant, hélas! la brutalité des maîtres qu'il s'était donnés lui-même, avec l'extrême douceur de ceux qu'il avait reçus de la nature, et que l'ingrat avait osé abandonner.

La parade commença entre la *Reine des îles Salmigondis*, qui remplissait le rôle de *Colombine*, et Jean-Paul, qui remplissait celui de Jocrisse.

Le sujet de cette bouffonnerie était des plus simples :

Colombine était censée avoir chargé Jocrisse de porter à M. Cassandre une bouteille de vin, et Jocrisse était censé avoir bu la commission.

L'intrigue n'était guère forte. Ce fond avait besoin d'être orné de beaucoup de lazzis. Jean-Paul n'en savait pas le premier mot. Aussi, quand *Colombine* lui dit :

« Or çà, viens ici, maraud, que je te parle! Qu'es-tu devenu depuis ce matin? et qu'as-tu fait de la bouteille de vin que je t'avais remise pour M. Cassandre? »

Jean-Paul répondit naïvement :

« Je ne sais pas ce que vous voulez dire.

— Ah! tu ne sais pas? reprit *Colombine*. Allons, réponds, maraud! qu'as-tu fait de la bouteille de vin? »

Ici Jean-Paul regarda *Colombine*, et, ne sachant pas davantage que répliquer, se contenta de lui répondre par une grimace, selon la recommandation que lui avait faite le *Marquis*, pour le cas où la parole lui manquerait.

« Ah! tu te permets des grimaces au lieu de me répondre! s'écria *Colombine*. Tiens, tiens, maraud! voilà qui t'apprendra à me faire des grimaces! »

Et *Colombine* lança à Jocrisse un vigoureux soufflet, que celui-ci, ignorant l'art d'éviter les gestes de ce genre, et de frapper à propos dans sa main pour en imiter le bruit, reçut consciencieusement sur la joue.

Il pleura, ce qui fit beaucoup rire les spectateurs. On trouva qu'il feignait très-naturellement de pleurer.

Pour comble d'humiliation, il entendit, en ce moment même, une grosse voix qui criait : *Bis! bis!*

Il regarda...

C'était son fantôme, son Géant, son persécuteur mystérieux, qui, les bras croisés, le chapeau rabattu sur les sourcils, et d'un air gravement moqueur, fixait sur lui ses yeux brillants, du milieu de la foule, qu'il dominait de la moitié de sa hauteur.

Cette subite réapparition fit presque s'évanouir Jean-Paul. Ses jambes fléchirent, et, bousculé de plus en plus par *Colombine,* qui s'obstinait à lui demander des nouvelles de son vin, il perdit enfin l'équilibre et dégringola du haut de la planche de deux pieds de large qui leur servait de théâtre.

Où tomba-t-il?

Hélas! dois-je le dire!...

Jean-Paul tomba, la tête la première, dans le tonneau rempli d'œufs et de fromage frais, qui se trouvait précisément à la porte, au-dessous des tréteaux.

Il y a dans la vie ordinaire des circonstances fort déplaisantes, quoique peu dangereuses au fond. S'asseoir, par exemple, sur une chaise absente et s'étendre tout de son long, à la risée des assistants; — se coucher sur l'herbe des champs, dormir, et s'éveiller tout couvert de fourmis; — avoir soif, se tromper de bouteille, et boire avidement une gorgée de vinaigre; laisser prendre une de ses basques dans la fermeture d'une porte en la tirant sur soi, et déchirer l'habit jusqu'au milieu du dos, au premier mouvement qu'on fait pour s'éloigner; — avoir donné les plus grands soins à sa toilette, sortir, faire à peine deux pas dans la rue, et se voir éclabousser des pieds à la tête; — avoir une visite très-importante à rendre, et être enfermé chez soi à double tour de clef; — que sais-je encore? — voilà, certes, de bien maussades aventures! Mais, sans contredit, celle où nous avons laissé notre héros peut passer pour une des plus fâcheuses. Se sentir enfoncer, se sentir asphyxier, la tête en bas, dans la nauséabonde mixture où il s'était précipité; ne rien

voir, ne rien entendre, ne pouvoir même appeler à son secours par gestes, à défaut de la voix, ce doit

être quelque chose d'horrible! Oui, vous me croirez sans peine, si je vous dis qu'une pareille existence serait intolérable, pour peu qu'elle se prolongeât.

Heureusement, le *Marquis de la Galoche* avait été témoin de l'accident. Ce facétieux personnage commença par en rire de grand cœur, tandis que Jean-Paul étouffait; après quoi seulement on songea à le retirer du gluant précipice.

Il était temps! Quelques secondes encore, et Jean-Paul se noyait dans cet océan de fromages et d'œufs.

Le *Marquis de la Galoche* le saisit par les jambes, l'enleva brusquement, le fit sauter comme une muscade, le reprit à la volée et le remit sur ses jambes, tout étourdi de sa chute.

« Ah! ah! fit-il, il paraît que tu avais faim, mon garçon! Mais que diable! Ce n'est point ainsi qu'un enfant bien élevé doit se mettre à table. »

Jean-Paul eût pleuré de rage, si le gluant des jaunes d'œufs qui lui vernissaient la figure lui eût permis d'ouvrir les yeux, et s'il eût été moins occupé en ce moment du soin de se débarbouiller.

Quand je dis se débarbouiller, c'est simplement pour lui tenir compte de l'intention. Faute de linge et d'eau, plus il se frottait du plat de ses deux mains, plus il délayait ce maudit amalgame, et plus il le rendait tenace.

Ce fut alors qu'il passa par la tête du *Marquis de Galoche* une de ces idées diaboliques comme le vin et l'eau-de-vie lui en inspiraient souvent, pour le malheur de ceux qui l'entouraient.

« Par la sambleu! s'écria-t-il, j'ai promis à tous ces imbéciles une foule de bêtes curieuses que j'étais fort embarrassé de leur montrer; mais enfin, voilà mon affaire! Ne te détériore pas, mon garçon; tu es très-bien comme ça. Il s'agit, au contraire, d'utiliser l'habit de jaunes d'œufs et de fromage frais que tu viens d'endosser. Tu n'avais pas d'inclination pour la clarinette : soit! il ne faut pas contrarier sa vocation; mais tu auras du goût peut-être pour les rôles de *Sauvages*. Ce sont des rôles fort agréables, où il n'y a rien qu'à se montrer, et qu'à pousser des grognements comme les naturels de l'endroit. Viens, mons Vendredi! Personne ne t'a vu : je vais perfectionner ton éducation en un tour de main, et j'ose te promettre ce que nous autres, artistes dramatiques, nous appelons *un succès d'estime*. Ce n'est pas nourrissant, mais c'est flatteur. »

CHAPITRE XII.

Transformation de Jean-Paul en *sauvage* et de Petit-Jacques en *monstre.* — Nouvelle leçon du *Marquis de la Galoche.* — Nos héros sont mis en cage comme de simples serins. — Altercation d'iceux à la manière antique, dans le goût des héros d'Homère.

Le *Marquis de la Galoche* entraîna Jean-Paul au fond de l'écurie. C'étaient là les coulisses de son théâtre. Il attrapa quelques pauvres petites poules qui butinaient non loin de là; il les tua, les dépouilla et appliqua leurs plumes sur toute la personne de Jean-Paul : visage, habits et mains. Elles y restèrent solidement attachées, grâce à l'espèce de glu dont ce dernier était couvert. Le *Marquis de la Galoche* le couronna en outre d'une sorte de diadème, au moyen des ailerons et des queues, et quand cette étrange toilette fut ainsi complétée :

« Attention! dit-il. Te voilà maintenant le plus beau *Sauvage* qui soit sous la calotte du ciel. Ce n'est pas pour te flatter, mon garçon, mais tu es vraiment hideux; j'aime toujours à rendre justice au vrai mérite, dans quelque rang de la société que la nature l'ait placé. Or, ce n'est pas tout qu'être épouvantable, quoique ce soit déjà beaucoup : il faut encore y joindre des qualités morales. Je vais donc t'apprendre à te présenter proprement en compagnie. Tu partiras du pied droit, vivement!... Tu t'avanceras d'un air farouche, vivement!... Tu t'arrêteras immobile, vivement!... la main gauche sur la hanche, et la droite sur la massue de tes pères. Tiens, mon garçon, voici un manche à balai qui sera censé être la massue de tes pères. Voyons, essaye. Attention au commandement!... En avant, marche!... Halte!...

Très-bien. Et maintenant, roule les yeux et remue la tête d'une manière féroce, comme si tu avais envie de dévorer l'honorable société; car il ne faut pas oublier que tu es un *Sauvage* de l'espèce des carnassiers. Mais ce n'est pas tout : il s'agit de t'apprendre la langue de ton pays, si toutefois on peut dire que les *Sauvages* aient un pays. Enfin n'importe; cela ne me regarde pas. Or donc, la langue de ton pays, c'est : *Ha-hin! Ha-hin!* ou du moins, quelque chose d'approchant, à ce que disent les voyageurs. Allons, imite-moi : *Ha-hin! Ha-hin!* »

Jean-Paul essaya et fit : « *Hin-hin!*

— Prends donc garde! continua le *Marquis de la Galoche;* ce n'est pas *Hin-hin!* que je te demande : c'est *Ha-hin! Ha-hin!* ce qui est bien plus naturel. Autrement, mon garçon, personne ne pourrait te comprendre. Et maintenant, il ne s'agit plus, pour perfectionner ton éducation d'anthropophage, que de t'enseigner la manière de prendre ta nourriture. Ceci, j'ose le croire, est un véritable dédommagement pour toi : c'est la partie agréable de l'état de *Sauvage*. Tu vois ces poulets que je viens de plumer : eh bien! dès que je te les montrerai, il faudra danser sur toi-même d'une façon convulsive, t'agiter comme un possédé, les regarder avec avidité, et faire claquer tes dents avec une joie canine. Et puis, quand je te les jetterai, tu devras les attraper à la volée, les prendre à deux mains, mordre dessus comme un affamé, les dévorer en quelques bouchées, sans les mâcher, y compris les pattes, et tendre aussitôt tes griffes comme pour en demander d'autres. Après quoi, tu reprendras ta première position de tambour-major au repos.

— Mais comment voulez-vous que je mange ces poulets crus ? répondit Jean-Paul, dont le cœur se soulevait à cette seule pensée.

— Par la sambleu! te voilà bien à plaindre, quand on te nourrit avec du poulet!

— Du poulet, du poulet!... s'il était cuit, je ne dirais pas non.

— S'il était cuit, il n'y aurait plus de mérite. Ah! vraiment, je le crois bien!... du poulet cuit!... il n'est pas nécessaire d'être anthropophage pour en dévorer!... le premier venu s'en acquitterait aussi bien que toi!... Mais cru, c'est différent!... c'est là qu'est le beau!... c'est là qu'est l'art!...

— Du tout! je n'en mangerai pas! reprit Jean-Paul, qui commençait à se révolter.

— Ah! tu n'en mangeras pas!... Voyez-vous la mauvaise tête?... Par Jupiter! tu en mangeras, et beaucoup, ou tu diras pourquoi!

— Je vous l'ai déjà dit : je ne veux pas manger de viande crue!

— Ah! tu ne veux pas?... Le roi se borne à dire humblement : « Nous voulons! » Mais, au fait, il est possible que tu ne connaisses pas la recette. En ce cas, je vais te l'enseigner comme je t'ai appris le reste; car je me fais un honneur de perfectionner ton éducation jusqu'au bout. C'est une méthode, celle-là, que je tiens de la ménagerie du Jardin des Plantes, à Paris. Attention! »

En parlant ainsi, l'impitoyable *Marquis de la Galoche* secoua vivement autour de Jean-Paul la baguette de noisetier dont il se servait pour montrer ses animaux, et qui fit entendre des sifflements aigus, plus convaincants, pour l'élève anthropophage, que tous les autres raisonnements de son maître.

« Règle générale, continua ce dernier, mets-toi bien dans la tête qu'un anthropophage doit manger de tout. Quoi qu'on te jette, fût-ce du bois ou des cailloux, tu dois tout dévorer : c'est une des nécessités de la profession, et ce n'est pas ma faute si tu t'es bourré de fromage à être dégoûté, même de poulet cru et de toute autre friandise. Mais n'importe! si tu as besoin d'une seconde leçon, ne t'en fais pas faute. En attendant, ton éducation de *Sauvage* me semble assez avancée pour le quart-d'heure. Tu peux entrer dans cette cage jusqu'au moment où j'aurai l'avantage de te présenter à l'honorable société dont tu es appelé à faire les délices. C'est convenu. Marche! »

Jean-Paul entra dans une grande cage de bois, qui fut soigneusement refermée sur lui.

Après avoir ainsi dompté Jean-Paul, le *Marquis de la Galoche* se tourna vers Petit-Jacques et lui dit :

« A ton tour. Il ne faut pas t'imaginer que je vais te laisser les bras croisés, pendant que ton camarade se rendra utile à ses contemporains. L'oisiveté est la maman de tous les vices. Mais, voyons, qu'est-ce que je vas faire de toi?... Un *Cyclope*, autrement dit un borgne?... Le borgne est assez agréable à voir, à cause de l'œil unique qu'il possède au milieu du front; mais cela demande de grands préparatifs : ce sera pour une autre fois. L'*Homme sans tête* est plus facile à improviser; et puis, c'est pétri de grâce. Voyons, avance ici, que je te décapite! »

A ces mots, Petit-Jacques recula d'effroi, bien convaincu que le *Marquis de la Galoche* allait lui couper

le col, opération qu'il était peu jaloux d'endurer, même avec la perspective de n'en paraître que plus gracieux.

« Allons! continua son maître, ne fais donc pas l'enfant. Avance ici!... Ou plutôt, non : tu vois bien, nigaud, que je me moque de toi. Oui, je riais, je plaisantais, je batifolais! Par la sambleu, faut bien rire! Cela ne fait de mal à personne, et la joie est aussi la maman de la santé. Décidément, tu vas débuter dans les *Monstres*. Le *Monstre* aura toujours son petit mérite, et c'est là, comme on dit, le privilége du vrai beau : le beau est toujours beau. Viens ici, que je t'ôte bras et jambes : ces accessoires, désormais, te sont complétement inutiles.

— Ah ! mon Dieu ! pensa Petit-Jacques, je suis perdu ! »

Petit-Jacques voulait reculer, mais le *Marquis de la Galoche* le saisit, lui fixa les bras au corps, le fit se mettre à genoux, lui releva les jambes le long du dos, le rembourra d'étoupes pour déguiser ses formes, lia le tout au moyen d'une forte ficelle, comme il eût pu faire d'un ballot de marchandises ;

le revêtit d'une petite jaquette de soie rouge, composée d'une foule de morceaux disparates, et ornée de paillettes de cuivre ; le ceignit d'une écharpe en lambeaux, le coiffa d'une sale toque de velours noir, surmontée de plumes de coq à moitié cassées, et le planta ainsi fagoté sur la pointe d'une espèce de piédestal, afin qu'il pût se tenir en équilibre, quoique sans jambes, et qu'il ne tombât pas sur le nez, quoique sans bras. C'est ainsi que cela se pratique pour les bustes que les perruquiers mettent en montre.

Cela fait, il lui dessina une étoile sur le front,

le farda, lui colla des moustaches, et le plaça dans une cage voisine de celle de Jean-Paul.

« Voilà qui va bien ! dit-il alors. Je n'ai jamais vu d'aussi belles horreurs, et j'ose derechef vous promettre un succès d'estime. Mais j'entends les autres qui s'impatientent là-bas. Tenez-vous tranquilles, enfants ; méditez bien votre rôle, en attendant votre tour de paraître, et songez à ma baguette pour vous donner du cœur à l'ouvrage ! Sans adieu. A l'avantage de vous revoir. »

Le *Marquis de la Galoche* s'en alla procéder à la représentation, car la foule commençait à s'impatienter et criait de tous côtés :

« On commencera !... — On ne commencera « pas !... — On commencera !... — On ne commen- « cera pas !... »

C'est ainsi que les choses se passent dans les théâtres, et généralement dans tous les lieux publics, où il y a toujours des sots qui se plaisent à élever la voix, à se mettre en évidence, à dire tout haut des niaiseries, quelquefois même des grossièretés, et cela pour se donner des airs de bel-esprit. Je vous engage fort, mes amis, à ne jamais commettre de si bêtes inconvenances.

Vous avez trouvé bien cruel, sans doute, ce *Marquis de la Galoche*, et je suis de votre avis. Cela tenait chez lui à la brutalité naturelle aux gens de cette sorte ; mais peut-être aussi mettait-il un peu d'affectation dans la rudesse de ses formes à l'égard de nos héros. Si ce soupçon est fondé, quels étaient ses secrets motifs ? Je les ignore. Ce qu'il y a de certain, c'est que de temps en temps il passait la main sur ses lèvres sardoniques, comme pour y cacher quelque mystérieux sourire, alors même qu'il semblait le plus irrité contre ses deux apprentis. La suite jettera peut-être quelque lumière sur ce point.

Revenons à notre sujet.

Quand ils se virent seuls, loin du sceptre de noisetier de leur terrible souverain, Jean-Paul et Petit-Jacques éclatèrent en mutuels reproches ; Petit-Jacques surtout, qui devait tous ses maux aux séductions de Jean-Paul, et qui les lui faisait chèrement expier par ses continuelles récriminations.

« Ah ! par exemple ! s'écria de nouveau Petit-Jacques, si c'est là ce que tu appelais être bien soigné, bien nourri, bien vêtu et se bien amuser, tu pouvais bien me laisser chez mon père, et même chez le père François, le meunier de là-bas, ou du moins on n'était pas battu toute la journée, où l'on avait de bonne soupe aux choux avec du lard dessus, et du pain tout autant qu'on en pouvait manger, et du cidre délicieux que je n'oublierai jamais, et avec ça des sous pour s'amuser le dimanche! Tandis qu'ici, on a des calottes pour tout potage, et, pour se rafraîchir, de l'eau-de-vie qui vous brûle l'estomac!

— Ah! bah! répondit Jean-Paul, que son amour-propre empêchait de convenir de la justesse de ces observations; est-ce qu'il faut être si douillet? Moi, je trouve qu'on n'est pas mal nourri.

— Pas mal nourri! interrompit Petit-Jacques, avec une poétique mélancolie. Non, en effet, on ne l'est pas mal, car on ne l'est pas du tout.

— Et puis, reprit Jean-Paul, ce genre de vie me paraît fort drôle. Tu es trop difficile, toi! Au surplus, si tu n'es pas content, va-t'en! Je ne t'empêche pas de t'en aller, moi!

— Oui, c'est cela!... m'en aller!... comme si c'était possible!... surtout maintenant que je suis planté là comme un pieu en terre, sans pouvoir remuer ni bras, ni jambes!... Oh! si c'était à refaire, je sais bien ce que je ferais!...

— Eh bien! qu'est-ce que tu ferais?...

— Je ne t'ouvrirais pas la porte de ton cachot, comme j'ai eu la sottise d'y consentir ; car, au fait, puisqu'on t'avait mis en prison chez mon père, il faut bien croire que tu avais commis quelque chose de vilain.

— Ah ça ! voyons, Petit-Jacques, tu commences à m'ennuyer!

— Qu'est-ce que cela me fait ?

— Cela fait que ça tournera mal pour toi !

— Je ne te crains pas!

— C'est ce que nous verrons!

— Va donc, mauvais sujet!

— Mauvais sujet?... dis-le voir encore!

— Je le dirai si ça me fait plaisir.

— Oui, mais tu ne l'oseras pas : tu es trop capon!

— Je suis trop capon?

— Oui, tu l'es, et je t'en défie!

— Tu m'en défies ?... Eh bien! tiens : Mauvais sujet!

— Dis-le voir encore!

— Mauvais sujet!

— Dis-le voir trois fois de suite!

— Mauvais sujet ! mauvais sujet ! mauvais su...! »

Ici Jean-Paul, n'y pouvant plus tenir, brandit la *massue de ses pères*, ou, si vous l'aimez mieux, le manche à balai dont il était muni; il le leva sur Petit-Jacques à travers les barreaux de leurs cages, comme pour l'en frapper; mais il ne le fit point. C'est une justice à lui rendre, qu'il comprit d'instinct ce qu'il y eût eu de lâche à frapper Petit-Jacques, car Petit-Jacques, non-seulement n'était point armé, mais encore n'avait pas les bras libres, vous savez par suite de quel empêchement.

Jean-Paul rabaissa pacifiquement la *massue de ses pères*, et crut prouver suffisamment par là sa modération.

C'est qu'en effet, mes amis, s'il est déjà mal de se porter à des actes de violence envers qui que ce soit, même à égalité de dangers, combien la brutalité qui s'exerce sur un adversaire plus faible, sur un être sans défense, n'est-elle pas plus blâmable encore! C'est de la cruauté lâche; c'est ce qu'il y a de plus infâme au monde! Et cela, je vous le dis, non pas seulement pour le cas où c'est un homme qui en est la victime, mais pour le cas même où c'est quelque animal, gros ou petit, n'importe. Il n'est pas rare de voir des enfants, et trop souvent de grandes personnes, maltraiter cruellement, par colère, méchanceté, insouciance, folie, curiosité, que sais-je! des animaux qui ne peuvent se défendre : des chevaux, des chiens, des chats, des oiseaux, des insectes. Les bourreaux ne se doutent probablement pas, je me plais à le croire pour l'honneur de l'espèce humaine, qu'ils commettent alors, quoiqu'il ne s'agisse que de simples bêtes, le plus grand forfait possible, et non-seulement le plus grand, mais le plus vil, le plus hideux.

Jean-Paul avait senti cela, car il n'était pas foncièrement méchant, et les brutalités du *Marquis de la Galoche* lui apprenaient, un peu chèrement déjà, à être moins brutal envers les autres.

C'est ainsi que, sur les âmes qui ne sont point gâtées sans remède, l'adversité a cet excellent effet, qu'elle les ramène par l'égoïsme à la réflexion, et, par la réflexion, à la pratique de tous les devoirs de l'humanité.

CHAPITRE XIII.

Triste début de Petit-Jacques dans les rôles de *Monstres.* — Murmures naissants du public. — Début de Jean-Paul dans l'emploi de Cannibale. — Jean-Paul se voit dans la dure alternative de manger du poulet cru ou des cailloux. — Le public insurgé réclame l'accomplissement du programme et toutes les conséquences des promesses du *Marquis de la Galoche.* — Cruel embarras de ce noble personnage. — Intervention de l'autorité constituée. — Transaction amiable, par voie administrative. — Jean-Paul et Petit-Jacques sont métamorphosés en ours et condamnés à se battre, en cette qualité, contre les soixante bouledogues du village.

Jean-Paul et Petit-Jacques en étaient là de leur centième altercation, lorsqu'un grand bruit, qui se fit à l'avant du théâtre, vint absorber toute leur attention.

Pendant qu'ils s'étaient querellés, le spectacle avait suivi son cours. On avait pu admirer successivement les tours de force de la *Reine des îles Salmigondis*, les danses de corde de ses grandes filles, les cabrioles des plus petites, les tours de gibecière du

Marquis, les niaiseries de Paillasse, toutes choses dont je vous donnerai la description en temps opportun. *L'explication* commença enfin. Mais ces diverses curiosités amusèrent peu les badauds : car dans le programme de la représentation, le marquis leur avait annoncé quelque chose dont l'attente nuisait singulièrement au reste. Cette chose merveilleuse et si impatiemment désirée, c'était, comme vous vous le rappelez, « *le grand combat à outrance entre deux superbes ours de la mer Glaciale et quatre superbes bouledogues, tel qu'il se pratique, les jours de grande cérémonie, à la cour de Sa Majesté le roi de toutes les Espagnes, dont Sa Majesté la reine est très-sensible à ce genre de récréation*, etc. »

Le public paraissait être du sentiment de Sa Majesté la reine de toutes les Espagnes, et demandait obstinément que le *Marquis de la Galoche* exécutât sa pompeuse annonce.

Ce dernier, qui n'avait pas craint de jeter une telle promesse en l'air, comme tant d'autres également mensongères, sans avoir aucun moyen de la tenir, et dans l'unique but de surexciter la curiosité; ce dernier s'efforçait de détourner l'attention chaque fois qu'on lui rappelait ses paroles, mais c'était en vain.

A chaque moment quelques voix opiniâtres s'élevaient de la foule, et demandaient : « Les ours ! Le grand combat d'ours !... — Nous voulons les ours de Sa Majesté la reine de toutes les Espagnes ! »

Tout faisait donc prévoir l'extrême embarras où allait se trouver l'imprudent saltimbanque.

Après avoir déclamé des explications encore plus saugrenues que d'habitude dans le but de donner le change à la curiosité publique, il avait enfin dirigé l'assistance devant les deux dernières cages d'animaux, lesquelles renfermaient nos deux monstres improvisés.

Ayant soulevé du bout de sa baguette le rideau de toile verte qui les cachait, il ouvrit la porte de Petit-Jacques, et, le saisissant par son piédestal, l'attira en dehors, sur le large rebord de la planche qui supportait la ménagerie. Il brandit alors sa baguette, et, reprenant sa voix si prétentieusement accentuée, il débita impudemment les balivernes suivantes :

« De plus fort en plus fort ! C'est ici, Messieurs et Dames, comme chez feu Nicolet, avec lequel j'ai eu l'honneur de faire ma rhétorique. Ceci vous représente l'*Enfant-Monstre*, surnommé le *Gobe-Mouches*. Admirez, Messieurs et Dames, l'étonnante conformation dont la nature l'a doué! Cet animal n'a pas d'idiome, et se nourrit d'insectes exclusivement. Vous pouvez en faire l'expérience par vous-mêmes. C'est à cette circonstance qu'il doit le sobriquet que l'illustre M. de Lacépède lui a donné. Encore un prince des naturalistes, celui-là! Car les naturalistes possèdent aussi une foule de princes. »

Sur cette invitation, quelques curieux s'empressèrent d'attraper des mouches et de les offrir au malheureux Petit-Jacques, qui recula la tête avec horreur.

« Eh bien! il n'en veut pas, votre monstre, crièrent quelques sceptiques.

— Ce n'est pas étonnant, répliqua le *Marquis de la Galoche* avec son imperturbable assurance : l'animal en est parfaitement repu. Je m'étonne même qu'il en reste quelques-unes dans l'*appartement*, quand je songe au grand carnage qu'il en a fait depuis notre arrivée en ces lieux enchanteurs. Au surplus, il a l'habitude de ne vouloir rien prendre que de ma main. Veuillez, Messieurs, me confier ces aimables volatiles : vous allez voir avec quel plaisir il va les gober, à la satisfaction générale des amateurs. »

Le *Marquis de la Galoche* prit les mouches et les

approcha de la bouche de Petit-Jacques, en lui disant tout bas :

« Mange, morbleu ! mange, où je te fais jeûner d'ici à l'année prochaine ! »

Malgré cette menace peu réconfortante, le dégoût l'emporta sur la crainte, et Petit-Jacques se mit à dire, à la stupéfaction de l'auditoire :

« Voulez-vous bien me laisser tranquille, avec vos mouches !

— Eh bien ! reprirent alors les mêmes sceptiques, il parle donc, votre *Enfant-Monstre?* Il a donc un idiome?...

— Hélas ! oui, Messieurs et Dames, riposta le *Marquis de la Galoche;* mais il ne parle que dans les grandes circonstances, lorsqu'il ne peut plus faire autrement. Du reste, cet animal, Messieurs et Dames, tient de l'homme et du végétal. On ne le trouve que dans les rochers de l'Amérique Septentrionale, où il pousse de la même manière que les champignons en Europe. Vous pouvez voir, Messieurs et Dames, la tige de bois sur laquelle il croît ; et cela vous explique comme quoi la nature, toujours ingénieuse, lui a refusé des bras et des jambes qui l'embarrasseraient, puisqu'il est destiné à vivre sur place, et à se sustenter uniquement des diptères, ou si vous l'aimez mieux, des latérisètes, ou si vous le préférez, des sarcostomes qu'il gobe à la volée. »

Ici Petit-Jacques, qui venait d'être pris d'une crampe, se mit à crier tout à coup :

« Oh! la jambe! Oh! le bras! vous m'avez lié trop fort! Déliez-moi donc!

— Eh bien! reprirent les enragés sceptiques, il a donc des jambes? Il a donc des bras? Qu'est-ce que vous nous disiez donc? »

De nombreux sifflets accueillirent cette nouvelle découverte.

Le *Marquis de la Galoche* ne s'en émut pourtant pas davantage.

« En voilà assez pour celui-là, dit-il froidement; passons au suivant. »

Il repoussa Petit-Jacques dans sa cage d'une façon si violente, que celui-ci fut renversé avec son piédestal, et resta étendu de son long, sans pouvoir se relever.

Le tour de Jean-Paul était venu.

Jean-Paul se souvenait parfaitement des leçons un peu cinglantes de son professeur ; aussi se présenta-t-il en véritable anthropophage, et poussa-t-il des *ha-hin! ha-hin!*... à faire frémir tout l'auditoire. Il n'y eut qu'un cri de terreur.

Ce premier sentiment passé, les badauds trouvèrent merveilleux le plumage dont il était couvert, et dont le *Marquis de la Galoche* assura que les sauvages étaient naturellement habillés, comme les poules de nos contrées.

« Du reste, ajouta-t-il, ce qu'il y a de plus étonnant chez les anthropophages de cette espèce, c'est la prodigieuse voracité dont la nature, toujours indulgente, s'est plu à les orner. Celui-ci, par exemple, que j'ai reçu tout récemment d'un de mes amis qui habite les déserts du Groënland, trois lieues plus loin que le bout du monde, celui-ci se nourrit indifférement de plantes, de racines, de légumes, de viande, de fer, d'acier, de brioches, et même de cailloux, *ad ibitum.* Mais ce qui, après les cailloux, flatte le plus sa gourmandise, c'est la viande crue. Je vais avoir l'honneur de vous en montrer l'expérience. Allons, attrape, sauvage! »

Et il jeta à Jean-Paul un des poulets que nous l'avons vu plumer à cet effet. « Allons, cannibal, ajouta le marquis, fais voir à ces Messieurs et à ces Dames comment les naturels de ta patrie se régalent, sans se donner l'inutile souci de les cuire, de ces hôtes emplumés de nos basses-cours, plus vulgairement connus sous le nom de gallinacées alectrides. »

C'était le moment critique pour Jean-Paul, qui poussa bien quelques nouveaux *ha-hin!* en preuve de férocité, mais qui se contenta de regarder alternativement la baguette de son maître et le poulet à ingurgiter, ne pouvant se décider à mordre sur ce granivore.

Un bras immense s'éleva alors au-dessus de la foule, et s'étendit vers Jean-Paul, en même temps qu'une grosse voix disait :

« Peut-être votre sauvage aimera-t-il mieux un caillou : c'est meilleur.

— Oui, oui! répétèrent d'autres voix : il faut qu'il dévore un caillou : ce sera plus amusant! »

La situation devenait dramatique.

Ajoutez qu'en recevant le caillou de la main de ce subit interlocuteur, Jean-Paul reconnut encore son mystérieux Géant!

A cet aspect, le faux sauvage frissonna, laissa choir caillou et poulet, et se sauva dans sa cage, dont il ferma vivement la porte pour se mettre à l'abri de la baguette de son maître.

Le public fut peu satisfait de ce dénouement. Il y eut des huées, des cris, un redoublement de sifflets, et les mêmes voix demandèrent plus fort que jamais :

« Les ours!... — Le grand combat d'ours! — Nous voulons voir les ours de Sa Majesté la reine de toutes les Espagnes! »

Le *Marquis de la Galoche* tenta d'opérer une nouvelle diversion; mais il était à bout de ressources. L'adjoint du village fut obligé d'intervenir pour rétablir la tranquillité.

L'intelligent magistrat se fit expliquer la question, et rendit, séance tenante, un arrêté qui fait le plus grand honneur à son bon sens :

« Puisque vous avez promis un combat d'ours blancs contre deux bouledogues, dit-il au *Marquis de la Galoche*, vous devez livrer un combat de deux bouledogues contre deux ours blancs.

— Mais je n'ai pas de chiens ; je n'ai que des ours, répondit celui-ci. Je ne puis pas faire battre mes ours contre rien du tout. »

Ici le magistrat fut visiblement interloqué, car les meilleurs esprits se laissent parfois éblouir aux fausses lueurs d'un adroit sophisme.

« Mauvaise raison ! cria heureusement la foule. Nous offrons à choisir parmi tous les chiens du village.

— Ah ! par exemple, reprit le magistrat, voilà une proposition qui lève toutes les difficultés. Je vous condamne donc à fournir tout au moins les ours, ou à rendre immédiatement la recette. »

La seconde partie de la sentence eût été difficile à exécuter. Comment distinguer les œufs et les fromages blancs qui composaient les trois quarts de ladite recette, et les rendre, sans erreur, à leurs légitimes propriétaires ?

On a remarqué du reste que, quand pareille restitution est ordonnée à la porte d'un théâtre, la somme des réclamations dépasse toujours la somme à partager, et, chose étrange, ce ne sont pas toujours les billets gratuits qui se montrent les moins exigeants.

Un murmure flatteur n'accueillit pas moins les paroles de l'autorité, car elles répondaient aux prétentions de la foule. Les foules, en général, aiment beaucoup l'autorité, lorsque l'autorité leur donne raison.

Pendant ce temps, le *Marquis de la Galoche* faisait d'amères réflexions, car le mot *restitution* était un de ceux qui lui faisaient horreur.

« C'est bien facile à dire, pensait-il : Livrez vos ours! livrez vos ours!... Ce serait facile, en effet, si j'en avais; mais je n'en ai point. Et d'ailleurs, quand bien même j'en aurais, ce ne serait pas pour les mettre aux prises avec une bande de caniches qui n'ont pas reçu la plus légère éducation, qui ne sont pas dressés à se battre sans faire de mal, et qui me les étrangleraient brutalement! Mais j'y pense.... Ma foi! oui, le moyen est ingénieux. J'ai promis des ours, mais je n'ai pas promis qu'ils seraient vivants. Donc, j'ai leur affaire. »

Une nouvelle pensée diabolique venait encore de lui traverser l'esprit, aux dépens de Jean-Paul et de Petit-Jacques.

« Eh bien! soit! dit-il à monsieur l'adjoint. Je suis trop partisan du grand principe d'autorité, pour regimber contre une telle décision : le combat aura lieu dans la grande cour du *Cheval-Blanc*. Seulement je demande jusqu'à demain matin pour les préparatifs indispensables.

— Accordé! répondit paternellement le magistrat. Et il sortit, accompagné de la foule dont il venait de conquérir, pour jusqu'au lendemain, l'éternelle popularité.

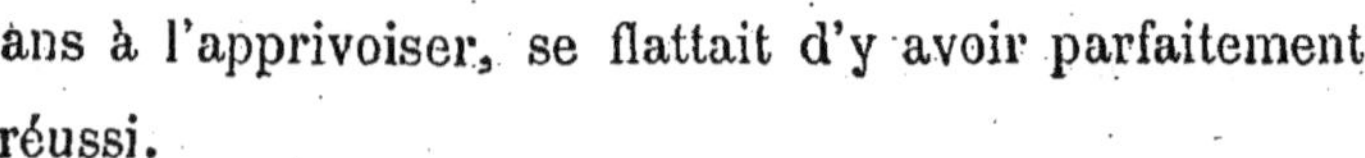

Le *Marquis de la Galoche* avait conservé soigneusement la peau des deux ours, dont l'un était mort de vieillesse à son service, et dont l'autre, comme je vous l'ai dit, avait été tué, pour avoir dévoré le précédent propriétaire de la ménagerie, le sieur *Galimafré*, qui, ayant passé trois ans à l'apprivoiser, se flattait d'y avoir parfaitement réussi.

Cela soit dit sans porter atteinte à la réputation des ours, et, en général, à la réputation des cent autres animaux que nous autres, qui mangeons beaucoup de tout avec les mille raffinements de la gourmandise satisfaite, nous appelons féroces, parce qu'ils mangent un peu de quelque chose, avec toute la simplicité de la gloutonnerie affamée. Je serais désolé que mes paroles pussent causer le moindre désagrément à ces pauvres bêtes tant calomniées.

Maintenant que j'ai mis ma conscience en repos à l'égard des animaux féroces, je poursuis le cours de notre histoire.

La *Reine des îles Salmigondis* daigna employer la nuit à préparer elle-même la défroque posthume des ours.

La vue de celle qui avait servi de tombeau à son premier époux dut causer de bien pénibles émotions à son auguste sensibilité!

Le lendemain, lorsque tous les badauds furent rangés dans la cour du *Cheval-Blanc*, autour d'un grand câble disposé circulairement pour servir de barrière à la curiosité, le *Marquis* prit à l'écart Jean-Paul et Petit-Jacques, les affubla des deux peaux, les musela, leur attacha une grande chaîne au cou, les déposa dans l'écurie, puis s'en alla, précédé de son mélodieux orchestre, haranguer le public au dehors, et faire son choix parmi les deux ou trois cents mâtins qu'avaient amenés les amateurs.

Rien ne manquait donc plus pour le grand combat, dont les habitants du village ne se montraient pas moins *friands* que Sa Majesté la reine de toutes les Espagnes.

CHAPITRE XIV.

Nouvelles de l'intéressante famille de Jean-Paul. — Arrivée au village voisin. — Complot de nos deux aventuriers. — Une énigme. — Tout se prépare pour le grand combat des deux ours défunts contre les bouledogues de la contrée. — Étonnante stupéfaction du *Marquis de la Galoche*. — Terreur panique dont la terreur de nos héros frappe la population. — Battue générale dont ils sont l'objet. — Danger de mort pour eux. — Huitième réapparition du géant. — Dénoûment imprévu de cette terrible crise. — La troupe quitte le village. — Mystérieux colloque entre le *Marquis* et le *Géant*.

La douleur que nous cause l'affreux péril de nos héros ne nous permet pas de vous raconter immédiatement le funeste résultat du champ-clos où les appellent déjà les aboiements de leurs adversaires. Nous éprouvons le besoin de reposer un instant notre âme de si pénibles émotions, et peut-être vous sera-t-il agréable, comme à nous, d'employer cette courte halte à rechercher ce que devint l'intéressante famille Choppart, après la disparition de Jean-Paul.

On n'attacha d'abord qu'une faible importance à l'escapade du déserteur. Cet acte d'insubordination n'était qu'un méfait de plus. Et puis, si cette fuite était la plus grande faute qu'il eût commise jusqu'alors, on se proposait de la punir convenablement au retour du coupable. Ce retour semblait être certain. Le mouvement d'humeur qui avait entraîné Jean-Paul devait durer sans doute jusqu'à l'heure du dîner, mais pas davantage. Sa gourmandise était le plus sûr garant de sa prompte rentrée au logis. On ne remarqua donc son absence que pour se féliciter de la tranquillité qui en était résultée subitement pour la maison.

Mais, lorsque la cloche de l'office eut sonné plus longtemps que d'ordinaire sans qu'on vît accourir le fugitif, lui, si friand tout à la fois et si glouton; et puis, lorsqu'il fit sombre et qu'on l'attendit vainement lui, si poltron la nuit, et qui, la veille encore, n'osait pas même descendre sans lumière jusqu'à la porte de la rue; oh! alors on commença à s'alarmer sérieusement.

Qu'était-il devenu? Lui était-il arrivé quelque mal? Où était-il? Que faisait-il?

Voilà les questions qu'on échangeait sans cesse avec une inquiétude toujours croissante.

On voulut envoyer aux informations. Mais qui? Le matin même, Jean-Paul avait fait congédier tous les domestiques de la maison. Il n'y restait plus qu'une vieille gouvernante, trop peu ingambe pour ce genre d'exploration.

La nuit s'écoula sans sommeil. La mère de Jean-Paul versa bien des larmes sur sa mystérieuse évasion, et ses jolies petites sœurs, Laure et Pauline, pleurèrent aussi bien fort, malgré le souvenir des vexations continuelles dont il les rendait victimes.

Telle était l'excellente famille que Jean-Paul n'avait pas craint de plonger dans de cruelles angoisses!

Ah! mes amis, de toutes les œuvres du Créateur, la plus admirable, c'est le cœur d'une sœur, le cœur d'une mère, le cœur d'un père.

M. Choppart crut devoir faire tous ses efforts pour

déguiser son inquiétude réelle sous une apparente sécurité.

« Soyez tranquilles, disait-il à sa femme et à ses petites filles ; le mauvais sujet ne reviendra que trop tôt pour vous faire enrager. Au surplus, c'est peut-être pour son bien. Qu'il coure, qu'il vagabonde, qu'il souffre un peu. Le mal est le meilleur des maîtres. Rapportons-nous-en à la Providence : elle arrange tout pour le mieux. »

Mais cet optimisme n'était qu'une consolation trop insuffisante.

Aussi, dès le lendemain, quand M. Choppart eut recomposé le personnel de sa maison, il y eut, sous sa présidence, un petit conseil de famille auquel fut seul admis un des nouveaux serviteurs.

Je ne sais pas encore ce qui s'y décida. Tout ce que je puis vous dire, c'est qu'à la suite de cet intéressant conciliabule, madame Choppart sembla moins inquiète, que les jolies petites sœurs se mirent à sauter de joie, et que le père disposa tout pour le départ.

Le soir même, la famille entière quitta la ville où elle demeurait habituellement, et alla s'installer dans une maison de campagne située à quelque distance,

Les deux ours avaient disparu!

dont M. Choppart avait fait l'acquisition quelques jours auparavant.

Mais il est temps de nous séparer de ces bons et dignes parents, pour revenir à l'étourdi qui leur causait tant de chagrins.

Lorsque le *Marquis de la Galoche* eut achevé les préparatifs du grand combat, lorsqu'il eut choisi, parmi les caniches des amateurs, ceux qui devaient avoir l'honneur d'y figurer, et que la foule des curieux, précédée par M. l'adjoint, se fut rangée en cercle dans la cour de l'auberge où devait avoir lieu cet horrible duel, le général en chef revint à l'écurie pour y prendre ses deux ours improvisés, et les conduire vaillamment à la bataille.

Mais il les y chercha vainement.

Les deux ours avaient disparu!

Le *Marquis* resta comme hébété, à force de stupéfaction.

Au même instant, il se fit une grande rumeur au dehors.

« Au secours! au secours! criaient une foule de voix. »

Quelle était la cause de ce nouveau tumulte?

C'étaient encore nos deux aventuriers.

Ils avaient jugé malsain de tenter un combat à outrance contre des bouledogues dont les aboiements seuls les faisaient frémir d'avance.

Aussi, se voyant seuls, avaient-ils cru devoir profiter de l'occasion pour échapper au glorieux triomphe qui leur était promis. Ils avaient ouvert sans bruit la porte de l'écurie, et pris leur course à tout hasard.

Cette résolution n'était pas héroïque, mais elle était sage.

Par malheur, le tintamarre des longues chaînes qu'ils traînaient après eux attira des curieux aux fenêtres. On vit deux animaux féroces qui traversaient les rues du village; on cria au secours, et bientôt ce fut dans tout l'endroit un tapage effrayant. Les portes se fermèrent, les femmes crièrent, les enfants pleurèrent, les cloches sonnèrent, les chiens aboyèrent, les hommes s'armèrent.

Ils s'armèrent de bâtons, de fourches, de fusils, et se mirent à la poursuite des fugitifs, dans la direction probable que ces derniers avaient suivie.

Ce fut avec une effroyable escorte de chasseurs et de chiens, et avec un horrible accompagnement de cris, d'aboiements, et même de coups de fusil tirés à l'aventure que nos héros épouvantés coururent à travers champs pendant plus d'une heure, faisant tout fuir sur leur bruyant passage : laboureurs, bergers, troupeaux, et répandant la terreur de bourgade en bourgade.

Enfin, exténués de fatigue, paralysés de peur, et sur le point d'être attrapés, ils se jetèrent, à la grâce de Dieu, dans un large buisson, dont la discrète verdure se referma sur eux.

A peine y étaient-ils, plus morts que vifs, qu'ils entendirent les cloches de tous les villages voisins s'ébranler successivement de clocher en clocher, et sonner le tocsin avec la plus louable émulation.

L'effroi gagna rapidement toute la contrée.

Les tambours de village ne tardèrent pas de se joindre à cet épouvantable vacarme, et bientôt aussi la garde nationale de chaque localité, à vingt lieues à la ronde, se trouva sous les armes, sans savoir, il est vrai, de quoi il s'agissait, mais, n'en veillant pas moins à chaque entrée de commune, et faisant à tout hasard des patrouilles de prudence, soit à l'intérieur, soit à l'extérieur. La garde nationale avait raison, et nous la félicitons de son zèle. Si les patrouilles ne font pas de bien, du moins ne peuvent-elles jamais faire de mal, ce qui est déjà beaucoup, comme mesure d'utilité publique.

Je n'ai pas besoin de vous dire quelles sinistres appréhensions agitaient Jean-Paul et Petit-Jacques, au retentissement d'un pareil bruit, surtout lorsque, à travers le feuillage du buisson, ils voyaient passer tout près d'eux les chasseurs et les chiens, ceux-ci hurlant, ceux-là criant, et qu'ils entendaient mille voix confuses s'appeler dans toutes les directions :

« Hohé!... par ici, vous autres!

— Avez-vous vu les bêtes féroces?

— Non.

— On dit qu'on les a vues là-bas se diriger vers le taillis.

— Mais non : on les a vues se jeter dans ce champ d'avoine.

— Garde à vous !

— Quoi donc ?

— Je viens de voir remuer quelque chose dans les broussailles.

— Où ça ?

— Ici.

— Je viens d'entendre leurs chaînes !

— Ce sont elles !

— Je vois la tête de la blanche !

— Et moi celle de la noire !

— Attention !.... Joue !.... et ne les manquons pas ! »

En effet, le bruit de leurs longues chaînes de fer les avait enfin trahis.

Ils étaient découverts !

Ce fut en vain qu'ils voulurent crier, parler, se faire connaître pour ce qu'ils étaient réellement : la muselière dont leurs têtes d'ours étaient garnies empêcha de les entendre.

Vingt fusils à la fois furent braqués sur leur retraite. C'en était fait d'eux, lorsque soudain :

« Arrêtez ! arrêtez ! crie une voix retentissante. »

En même temps, un inconnu se précipite, couvert de sueur, haletant, poudreux, entre le buisson et les

chasseurs, et relève d'un bras vigoureux les fusils qui menacent ses deux protégés.

La haute stature et le geste impérieux de cet homme imposèrent à la foule.

« A quoi bon, dit-il alors, à quoi bon tuer ces deux

pauvres bêtes? Elles ne sont pas malfaisantes, et d'ailleurs elles sont muselées. Pourquoi ruiner ce pauvre diable? continua-t-il en montrant le *Marquis de la Galoche*, qui accourait tout essoufflé. Ne leur faisons pas de mal. Je me charge de les ressaisir et de les rendre à leur légitime propriétaire, à condition qu'il délivrera le village de leur présence et de la sienne. »

Cela dit, l'inconnu écarta vivement les branches du buisson, et, saisissant les chaînes qui pendaient au cou des deux bêtes féroces, il les en tira bon gré mal gré.

Leur vue excita un hourra formidable, que comprima de même le geste imposant de cet homme.

Les chiens les plus hargneux se jetèrent bien sur Jean-Paul et sur Petit-Jacques, mais l'épaisseur de la peau qui les couvrait les garantit heureusement de toute morsure.

Cet inconnu, c'était encore le Géant, qu'un impénétrable mystère attachait aux destinées de Jean-Paul.

Jamais son intervention n'était venue si à propos.

Le Géant remit la chaîne des deux ours aux mains du *Marquis de la Galoche*, et celui-ci, pour mieux jouer son rôle, crut devoir leur administrer quelques coups de houssine.

Le Géant les accompagna ensuite, avec la foule des chasseurs et des chiens, jusqu'à l'auberge du *Cheval-Blanc*, afin de protéger leur retour, puis leur départ, lequel s'effectua sans délai.

Quand la caravane fut loin de ce dangereux hameau, le Géant, qui pendant tout le chemin s'était entretenu à l'écart avec le *Marquis de la Galoche*, prit la main de ce dernier, la lui serra et disparut. Tout ce qu'on put recueillir de leur conversation à voix basse consistait en quelques phrases sans suite, que je vais vous rapporter textuellement, quoique je n'y comprenne absolument rien :

« Ainsi donc, à bientôt! dit l'un.

— Soyez tranquille! répondit l'autre.

— Sans adieu!

— Au revoir! »

Et ils se séparèrent.

Le *Marquis de la Galoche* étant remonté en voiture :

« Fameux! fameux! s'écria-t-il : Nous avons pour bientôt une excellente aubaine : nous avons à donner une représentation dans une maison bourgeoise, à six lieues d'ici, pour le compte d'un particulier dont c'est le jour de fête. Fameux! fameux! Il y aura à gagner bien mieux que du fromage frais : il y aura des pièces de cent sous en veux-tu en voilà! Parlez-moi d'un casuel comme ça! Aussi, à ce brave bourgeois, on lui en donnera pour son argent. Il faudra se distinguer dans l'exercice de ses fonctions! En avant les plus belles cabrioles! en avant les plus beaux escamotages! en avant les plus beaux animaux! en avant toute la boutique! Et quant à vous, mes jeunes oursins manqués, j'ai pensé pour la circonstance à une farce, à une transformation en phénomène défunt, conservé dans de l'esprit-de-vin, au moyen de laquelle, j'ose le croire, vous ne pouvez manquer d'obtenir le suffrage unanime. Vous verrez! je ne vous dis que ça!

« Ah! mon Dieu! pensèrent nos héros, qui avaient encore sur le dos les fatales peaux d'ours, ce diable d'homme nous tuera avec ses inventions!

— Mais ce n'est pas encore de cela qu'il s'agit, reprit le *Marquis de la Galoche*, il s'agit, pour le quart d'heure, de gagner notre dîner. Voici une nouvelle peuplade. Nous allons y entrer. Tâchons de nous y comporter un peu mieux que dans l'autre! »

Une grange d'auberge, dont on rangea les bottes de paille contre les murs, fut cette fois le théâtre que le *Marquis de la Galoche* choisit pour y donner ses représentations. Déplorable imprudence, comme nous le verrons plus tard.

Quand les préparatifs d'intérieur furent terminés: on se mit à parcourir le village comme d'ordinaire, pour annoncer le spectacle du soir. La seule variante qu'introduisit dans la cérémonie le facétieux *Marquis de la Galoche*, ce fut de contraindre Petit-Jacques à jouer cette fois de la clarinette, et de donner à Jean-Paul la grosse caisse sur le dos, le triangle au coude, le chapeau-chinois sur la tête, le chalumeau sur l'estomac, les cymbales entre les genoux, la guitare sur le ventre, et le flagolet dans les narines. Le *Marquis* opéra ce revirement dans les fonctions respectives de ses élèves, pour varier, disait-il, les plaisirs ineffables dont il aimait à les combler.

Cette première formalité accomplie, on revint à la grange, où l'on se mit à table. Le repas fut d'une frugalité qui s'expliquait suffisamment par l'insuccès des dernières opérations.

Jean-Paul et Petit-Jacques s'abstinrent d'en prendre leur maigre part. Ils s'abstinrent également de faire la sieste, comme faisaient tous leurs collègues, hommes et bêtes, après s'être repus. C'est une des plus chères habitudes des gens de cette sorte. Nos deux aventuriers avaient ébauché tout bas, pendant la route, un grand projet qu'ils avaient besoin de méditer en secret, et dont l'importance, sans doute, leur ôtait complétement le manger, le boire et le dormir. Ce devait être quelque chose de bien extraordinaire!

Quoi qu'il en soit, je profiterai de cette interruption dans les travaux de la troupe pour vous conter les curieuses aventures de Panouille, son illustre Paillasse.

CHAPITRE XV.

Histoire mirobolante de *Panouille.*

Il y a pis que de simples défauts dans la vie de cet homme : il y a des vices, et des plus blâmables qui soient. Si donc, mes jeunes amis, je me décide à vous l'écrire, c'est dans le but de vous montrer combien peu de distance sépare ces deux degrés de perversité, et combien facilement, lorsqu'on se laisse aller sur la pente des uns, on risque de franchir la limite des autres.

Panouille avait l'âme la plus perverse qu'on pût

imaginer. Disons toutefois, à sa décharge, qu'il était assez stupide pour ne pas comprendre, la plupart du temps, toute la portée de ses malfaisances. S'il suffit, comme on le dit, d'exceller dans un genre quelconque pour mériter le titre d'homme distingué, Panouille y avait des droits incontestables sous le rapport de l'imbécillité. C'était au point que fort souvent il ne comprenait pas même les questions les plus simples, et qu'il vous regardait béant quand vous lui adressiez la parole, sans pouvoir répondre un seul mot.

Son extérieur annonçait dignement ce parfait idiotisme. Panouille avait le nez camus, d'épaisses lèvres toujours pendantes, de gros yeux ternes qui sortaient presque de leurs orbites, un teint blafard, une peau couverte de taches rousses, des oreilles démesurément longues, un front étroit et bas, des sourcils mal alignés et des cheveux rougeâtres. Enfin, ses épaules étaient si hautes qu'on ne pouvait distinguer si la nature l'avait pourvu d'un cou, et sa voix rauque et inarticulée tenait moins de la parole humaine que du grognement du porc. Quant à sa démarche, pesante et lente, elle se rapprochait beaucoup de celle des canards.

C'était, en résumé, un être fort disgracieux, et du reste, il se mettait assez peu en peine de suppléer aux agréments de nature par des agréments de toilette.

Or, qu'il fût hideux, rien de mieux; ce n'était pas sa faute; mais qu'il fût immonde, voilà ce qui ne peut s'excuser jamais. La propreté, cette vertu du corps, est à la portée de toutes les bourses, car la rivière coule pour tout le monde.

Les parents de Panouille étaient de pauvres ouvriers qui n'avaient pu vouloir en faire un érudit : ils s'étaient bornés à l'envoyer à l'école, pour qu'il y apprît à lire, à écrire et à calculer; mais, soit inaptitude au travail, soit paresse et insouciance, Panouille, au bout de quatre ans de classe, savait à peine distinguer un A d'un Z.

Ce qui vous donnera une juste idée de sa bêtise et de son ignarité, c'est qu'à l'époque où nous l'avons trouvé parmi les animaux du *Marquis de la Galoche*, il ne savait, à coup sûr, ni le jour, ni la semaine, ni le mois, ni l'année qu'il vivait. A bien plus forte raison n'eût-il pas fallu lui demander son âge. Ah! oui vraiment, son âge! En fait de chronologie, Panouille ne remontait certainement pas au delà de son dernier repas.

Lorsqu'il eut ainsi passé quatre années à ne pas apprendre à lire, à écrire et à calculer, c'est-à-dire à mettre en loques ses pantalons, à faire des grimaces à son maître et à se laisser tirer les oreilles, on le mit en apprentissage chez un cloutier. Mais Panouille n'eût pas même été bon à remplacer l'intelligent caniche qui, chez beaucoup de gens de ce métier, est employé à faire tourner la roue des soufflets de la forge. Panouille courait les rues, au lieu d'aller chez son maître forgeron, et restait à jouer, à quereller, à se battre avec les premiers galopins de sa façon que le hasard le faisait rencontrer en route. Le malheureux ne tenait aucun compte à ses parents, des privations de toute nature qu'ils continuaient de s'imposer pour subvenir aux frais d'apprentissage.

La Providence le punit bientôt de cette odieuse ingratitude.

Dans le cours d'un de ses vagabondages, il fut accosté, à la tombée de la nuit, au milieu d'un carrefour désert, par un individu de mauvaise mine, armé d'un long bâton, portant une besace, des vêtements en lambeaux et une sale et longue barbe.

Cet homme lui prit la main et dit :

« Suis-moi ! »

Panouille eut si grand'peur, et si grand mal surtout de la pression que cet homme lui faisait subir aux doigts, qu'il le suivit sans dire mot.

C'était un mendiant.

Beaucoup de ces piteux demandeurs, dont sont infestés nos villages, nos grandes routes, font partie de ces hideuses associations. Ce sont de faux aveugles, de faux boiteux, de faux manchots, de faux éclopés.

Il y a dans toutes les grandes villes, et surtout à Paris, des êtres complétement dépravés, qui, par fainéantise, se font une profession de la misère, de la honte, de l'abjection, de la mendicité volontaire, et qui se réunissent en bandes, comme certains animaux de proie, pour exercer d'une manière plus lucrative leur dégradante industrie.

Cela soit dit sans préjudice pour les vrais pauvres, pour ces malheureux de tout sexe et de tout âge, que des infirmités réelles, que de longues maladies, que des accidents de mille espèces, que même, en certains cas, un manque absolu de travail, peuvent réduire à la cruelle nécessité de s'en remettre, pour vivre, à la générosité des passants. Comme il est impossible de les discerner des autres, donnez, donnez, mes jeunes amis; donnez à tous, selon vos facultés et sans distinction; donnez, n'en rebutez aucun : mieux vaut cent fois jeter mal à propos quelques secours, que d'en refuser, bien plus mal à propos, à ceux qui vraiment en sont dignes.

Or, ces bandes de faux nécessiteux, dont naguère encore, malgré leurs efforts si louables, les autorités locales n'avaient pu délivrer entièrement nos villes et nos campagnes; ces bandes sont, pour ainsi dire, autant de petites sociétés au sein de la société même.

Celles qui existent maintenant ne se composent plus guère que d'un petit nombre d'individus, et sont restreintes à une même famille où la besace est héréditaire. Mais, autrefois quelques-unes s'élevaient jusqu'à dix, vingt, trente, quarante complices, et souvent même à davantage ; elles avaient leur organisation intérieure, leur police, leur magistrature, leur royauté, leur code, et même leur morale ; oui, leur morale !

Celui d'entre eux qui était surpris à retenir indûment, pour lui seul, la plus faible partie de sa recette, celui-là *passait*, comme ils disent, *un mauvais quart d'heure* : il était regardé comme voleur, et jugé, condamné, dépouillé, honni, rossé comme tel.

Dès le matin, pour nous occuper uniquement de ce qui avait lieu à Paris à l'époque de cette histoire, la bande se dispersait par la ville, et, selon le programme arrêté la veille, occupait çà et là les abords d'édifice, les bornes de rue, les trottoirs de pont, les coins de place, les porches d'église, tous les postes dont elle jouissait, soit *par droit de conquête*, soit *par droit de naissance*, c'est-à-dire dont le privilége lui avait été concédé, en amiable répartition, par les bandes ses rivales, ou bien qu'elle s'était violemment adjugés sur elles.

Le jour était employé à tendre la main, à râcler du violon, à jouer de la clarinette, à étaler d'apparentes infirmités; et le soir, quand la pitié publique se couchait en même temps que le soleil, tout cela rentrait au logis central, rendait compte de l'emploi de son temps, et versait au réservoir commun la recette de la journée. Le partage se faisait ensuite.

Alors, tous ces faux éclopés jetaient là leurs béquilles, leurs instruments criards; l'aveugle voyait, le sourd entendait, le muet parlait, le paralytique marchait, le contrefait se redressait, et le bossu déposait sa bosse.

Ce furent ces burlesques métamorphoses qui firent donner le nom de *Cour des Miracles* au réceptacle impur où les mendiants de cette sorte se réunissaient jadis.

Cela fait, on se mettait à table. Les mets étaient fort abondants sur la nappe de ces prétendus affamés, et plus délicats souvent que sur celle des bonnes gens qui en avaient fait les frais.

Et puis venait l'orgie, avec ses excès de tout genre, ses mouvements désordonnés, ses rires bruyants, ses mauvais propos, ses chansons, ses cris, ses vociférations, ses hommes roulant d'ivresse sous la table, et, ce qu'il y a de plus hideux au monde, ses femmes ivres, ses enfants ivres!

Chaque samedi soir, pour prévenir l'ennui qui eût pu naître de la continuité des mêmes fonctions, le chef de ce triste peuple distribuait souverainement les rôles pour la semaine suivante.

Cette partie de leur vie offrait parfois des épisodes assez comiques, ainsi que nous le verrons plus tard.

L'initiation des nouveaux venus n'était pas moins singulière.

Ces nouveaux venus étaient des volontaires qui avaient sollicité leur admission et justifié d'une capacité suffisante, ou bien de malheureux enfants que ces bandits ne craignaient pas de ravir, pour intéresser plus vivement la commisération publique.

Les tribunaux n'ont eu que trop souvent à châtier des crimes de cette nature.

C'était d'un pareil guet-apens que Panouille venait d'être victime, en conséquence de l'imprudente habitude qu'il avait prise de musarder, le soir, dans les ruelles au lieu de regagner vite, et par une voie directe, le foyer paternel.

L'homme qui s'était emparé de lui était précisément le chef, ou, si vous aimez mieux, pour nous servir du vocabulaire des mendiants, le *Roi* d'une des bandes qui exploitaient alors la pitié parisienne.

Cette bande était peu nombreuse. De récents *malheurs* en police correctionnelle l'avaient privée de ses membres les plus distingués; elle sentait donc la nécessité de recruter ses rangs soit de gré, soit de force.

Elle manquait surtout d'enfants. Aussi l'arrivée de Panouille fut-elle accueillie par de vives acclamations, dans la caverne où le *Roi* Maclou, son affreux conducteur, l'introduisit enfin, après l'avoir traîné silencieusement, durant une grande heure, par un dédale de rues sombres et désertes.

C'était une cave grossièrement meublée qui servait de retraite aux neuf individus, hommes, femmes et enfants, qui composaient le personnel de la bande. Je ne m'arrêterai point à vous esquisser cet intérieur : je ne veux point attrister vos jeunes âmes par de telles peintures.

Quand le repas nocturne fut terminé, le *Roi* Maclou distribua les rôles, c'est-à-dire les infirmités et les localités pour la semaine suivante, car c'était un samedi.

On s'y disputa les infirmités, les stationnements,

les instruments et les besaces, avec autant d'acharnement, si c'est possible, qu'on en peut mettre, à la cour des vrais rois de la terre, lorsqu'il s'agit de places, de titres, de cordons et d'honneurs.

« Enfoncées les jambes de bois! » s'écriait l'un, dans l'ignoble langage du lieu. Voilà trois mois que je fais les jambes de bois : ça commence à m'ennuyer.

— Je veux être manchot!

— Tu n'en es pas capable, objectait un quatrième. La preuve, c'est que tu prends du tabac, et que, lorsqu'on prend du tabac, on n'est pas digne d'être manchot. Un manchot ne peut pas prendre du tabac sans se trahir, à cause de ses deux mains : c'est connu. »

Et puis c'étaient des cris, des récriminations, d'injurieuses ripostes qui se croisaient dans tous les sens.

« Moi, je ne veux plus de la clarinette! ça essouffle trop.

— Moi, je ne veux plus de la serinette! c'est trop monotone.

— Moi, je ne veux plus être paralytique! on ne peut pas faire le moindre mouvement, même pour chasser les mouches, même pour se gratter. Il faut rester immobile : c'est fatigant.

— Moi, je ne veux plus stationner à la porte des guinguettes ! Le monde qui vient là, c'est du trop petit monde ; ça fait pitié !

— Moi, je veux stationner à mon tour à la porte du Louvre ! On y jouit d'un joli coup d'œil. Le Louvre est un monument fort agréable, surtout la colonnade. Ça flatte à voir, quand on est un peu artiste.

— Moi je veux aller cette semaine sous le porche de l'église Saint-Thomas d'Aquin. On se trouve là en très-bonne société ; rien que des gens à équipages : c'est honorable. »

Après mille propos de cette espèce, Sa Majesté Maclou Ier fut obligée, comme toujours, d'intervenir de son royal bâton pour mettre obstacle aux voies de fait, et imposer d'autorité les fonctions dont personne ne voulait. Ses répartitions étaient d'ailleurs conformes aux lois de la plus rigoureuse équité, ce qui fait bien l'éloge de ce puissant monarque.

Le lendemain matin, la scène changea, mais ne fut pas moins burlesque. Ce fut le moment des préparatifs. L'un s'adapta la jambe de bois ; l'autre, l'emplâtre sur l'œil.

Le reste se distribua les serinettes, les clarinettes, les violons, les bâtons d'aveugles, les caniches, etc. Chacun enfin se mit en mesure de figurer dignement au poste qui lui était assigné; après quoi, la bande se dispersa pour jusqu'au soir.

Et cependant, je le répète, donnons, donnons, au risque de donner à des solliciteurs de cette espèce, car il est des mendiants aussi, de vrais pauvres qui méritent toute pitié, et dont il serait bien injuste de repousser la légitime prière, sous ce prétexte que tout dans ce monde est sujet à contrefaçon, même la misère, même la douleur, même les plus tristes infirmités.

Ceci d'ailleurs est l'histoire du passé, bien plus encore que celle du temps présent. C'est une justice à rendre aux hommes chargés successivement de la police municipale de la plupart des localités, que leurs efforts, plus ou moins assidus, plus ou moins éclairés, pour assainir la société des faux pauvres qui l'infestent, ont obtenu à la longue d'assez notables résultats, et rendu difficile que l'aumône soit trompée.

Mais revenons à Panouille.

Le premier emploi qui lui échut fut celui d'*incendié*. On le réunit en cette qualité aux deux autres enfants de la bande. On les couvrit de lambeaux d'habits à demi consumés, et on les envoya par la ville, sous la direction d'une des pauvresses, qui portait le plus jeune sur son dos et le second dans son tablier.

Panouille, le plus âgé des trois, marchait à pied, lui donnant la main gauche, et tenant de la droite l'escarcelle de fer-blanc qu'il tendait aux passants.

Ce charmant groupe implorait la pitié en se disant victime d'un horrible incendie qui avait dévoré ses meubles, ses récoltes, ses parents et ses bêtes à cornes.

Pour rendre leur position plus apitoyante, les enfants avaient reçu ordre de pleurer à chaudes larmes. Lorsqu'ils oubliaient la recommandation, la pauvresse les pinçait sournoisement, afin qu'ils missent le plus possible de naturel dans leurs lamentations.

Panouille, qui était fort malhabile encore, eut besoin de beaucoup d'encouragements de cette sorte.

Ce ne fut pas, du reste, le seul rôle qu'il eût à jouer pour l'avantage commun de la bande, soit à Paris, soit dans les provinces. On lui apprit successivement à se retourner les paupières, à faire le manchot, le boiteux, le bossu, l'aveugle, l'estropié, le cul-de-jatte; on le forma à l'art d'arracher quelques sous aux voyageurs, en les suivant à la course, et en faisant des cabrioles le long de la route à côté des voitures publiques; enfin, on lui enseigna, tant bien que mal, à jouer de la serinette, de la clarinette et du violon, instruments classiques parmi les *artistes* de ce genre.

On comprend qu'une pareille éducation ne dût pas développer excessivement son intelligence; mais il n'en fut pas ainsi de sa perversité naturelle, qui ne put que s'accroître dans un pareil monde.

Nous ne le suivrons pas dans les nombreuses excursions que fit sa bande à travers les départements, quand elle crut avoir suffisamment usé la sensibilité parisienne.

Mais la mission dont sa dextérité naturelle le faisait charger de préférence, c'était de voler des fruits dans les vergers, dans les champs, dans les vignes qui bordaient les grandes routes; ou bien de pêcher des poules à la ligne dans les basses-cours des granges où on leur avait donné l'hospitalité la nuit. Dans ce dernier cas, il garnissait un hameçon d'un appât suffisant, le jetait du haut d'une fenêtre, ou par-dessus le mur de clôture, parmi les gallinacées, qui accouraient alors confiantes et affamées, avalaient le fatal crochet, et se laissaient prendre, sans pouvoir pousser un seul cri.

C'est ainsi que Panouille, dès ses premières années, faisait l'apprentissage du vol. Il n'y a pas loin de la mendicité volontaire au vol proprement dit. La mendicité volontaire n'est-elle pas, sinon un vol, au moins une fraude, qu'exercent de faux nécessiteux, aux dépens de la crédulité compatissante? Au fond, c'est la même chose : la forme seule diffère. Il arriva bientôt ce qui toujours arrive : c'est que Panouille s'ennuya de demander, voyant qu'il savait si bien prendre. Ayant déserté la bande à laquelle il avait appartenu jusque-là, il s'en revint à Paris, ne s'y informa pas même du sort de ses parents, y fit la connaissance d'une foule de bandits de son espèce, et renonçant dès lors à toutes formalités préalables, quitta enfin la filouterie déguisée pour la filouterie pure et simple.

Pendant plus de dix ans, il exerça ce nouveau métier d'une manière assez remarquable, vendant le soir de faux billets de spectacle, escamotant le jour l'argenterie des restaurateurs; se faufilant dans les foules, y coupant des basques d'habits, des pans de redingotes, des goussets de gilets; y dérobant des chaînes, des montres, des mouchoirs, des cannes, des parapluies, des tabatières, tout ce que pouvait atteindre sa main, devenue fort habile en ce genre d'exercice; et enfin, surpris souvent, traduit en police correctionnelle, condamné quelquefois, s'échappant avant terme, et continuant ses criminelles expéditions, avec le surcroît d'habileté qu'il avait pu recevoir des funestes enseignements de la geôle.

Ce fut une prouesse de cette sorte qui lui valut l'honorable connaissance du *Marquis de la Galoche.*

Un jour que ce dernier flânait sur les boulevards de Paris, parmi la foule qui stationnait devant les montreurs de curiosités, et qu'il cherchait à enrichir sa mémoire de toutes les niaiseries de leurs Paillasses, pour s'en servir lui-même en temps et lieu, il sentit quelque chose qui se glissait doucement dans la poche de son habit. Il y porta vivement la main.

C'était celle de Panouille, qui sans doute n'ayant

pas de mouchoir pour le moment, cherchait à s'en procurer un au meilleur prix possible.

« Que fais-tu là ? dit sévèrement le *Marquis de la Galoche*, qui blâmait le vol quand on le commettait à son préjudice.

— Ah ! pardon !... répliqua Panouille sans se déconcerter ; c'est une erreur... je me trompais de poche.... c'était dans la mienne que je voulais chercher. Voilà !

— Ah ! voilà ? reprit le *Marquis de la Galoche*, qui continuait à lui retenir la main dans le fond de sa poche. Ah ! tu te trompais !... Tu m'as encore l'air d'un fameux farceur, toi !... Eh bien ! écoute. Te voici pris comme au trébuchet. Pas moyen de nier la chose. Je pourrais te faire un mauvais parti ; je pourrais t'envoyer en prison, et Dieu sait ce qu'on ferait de toi ! Mais tu m'as l'air d'un gaillard fort adroit, d'un fin escamoteur et d'un imbécile, première qualité. Avec ça, ton impudence me sourit. Suis-moi. Je t'offre une place dans ma ménagerie : ça te convient sous tous les rapports. Dis oui : c'est une affaire bâclée, et je rends tes cinq doigts à la circulation. »

Panouille consentit, et fut enrôlé le jour même dans la troupe du *Marquis*.

Ainsi, voilà ce dernier, qui certes pouvait passer our un bien mauvais sujet, mais qui, en définitive, 'avait à se reprocher que le désordre d'une vie paesseuse, joueuse, hâbleuse, vicieuse, buveuse; voilà ean-Paul et Petit-Jacques, qui ne s'étaient encore endus coupables que de fautes comparativement fort égères; les voilà tous les trois qui se trouvent amenés, ar la pente inévitable des choses, à traiter d'égal à gal, à vivre côte à côte avec un misérable tel que Panouille; les voilà qui se sont faits sans répugnance es compagnons d'un homme qui a des crimes sur la onscience! les collègues d'un filou, les camarades l'un condamné pour vol!

Ce dernier fait est de nature, mes jeunes amis, à nspirer de bien sérieuses réflexions. Il semble qu'il 'y ait pas de rangs parmi ceux qui sont une fois descendus des hauteurs du devoir, et qu'il suffise d'une seule chute, légère ou profonde, n'importe, pour établir entre eux un terrible niveau.

Mais il est temps de mettre fin à l'histoire de Panouille, car celle de Jean-Paul réclame maintenant toute notre attention.

CHAPITRE XVI.

Malheureuse tentative d'évasion. — Singulier passe-temps du *Marquis de la Galoche.* — Nouvelle métamorphose de la troupe. — Une pharmacie à quatre roues. — Superbe allocution du *Marquis* en faveur de l'Élixir philanthropique de l'illustre Mathusalem, et par conséquent en faveur du peuple français.

Nous avons laissé tous nos saltimbanques se livrer paisiblement aux douceurs de la sieste, à l'exception de Jean-Paul et de Petit-Jacques, qui commençaient à être trop inquiets des suites de leur escapade pour pouvoir prendre quelque sommeil. Le corps repose mal lorsque l'esprit est troublé.

Quand tout le reste de la troupe fut endormi profondément, et quand ils purent se parler sans tiers, ils fondirent l'un et l'autre en larmes. Plus de colère, plus de menaces, plus de reproches mutuels. L'adversité les avait enfin corrigés. Jusqu'à ce moment ce n'avaient été que de simples camarades, unis par le hasard et que le hasard eût pu disjoindre; ce furent désormais de véritables amis.

Oh! avec quel amer regret ils parlèrent de leurs parents, de ces parents vénérables qu'ils se regardaient comme si coupables d'avoir abandonnés, et que leur absence plongeait sans doute encore dans la désolation!

C'est à cette dernière pensée surtout, c'est à cette considération dépourvue d'égoïsme, que je reconnais la sincérité de leur repentir. Le vrai repentir, le seul qui soit louable, consiste à se repentir en vue des autres, et non en vue de soi. L'autre repentir, ainsi que nous l'avons dit, n'est encore que de l'égoïsme déguisé.

Jean-Paul et Petit-Jacques jurèrent de saisir la première occasion favorable pour regagner la maison paternelle, et d'obtenir leur pardon, par quelque châtiment qu'il fallût l'acheter.

Or, cette occasion se présentait à l'instant même. Tout dormait autour d'eux, et depuis qu'ils avaient quitté leur fatale peau d'ours, ils pouvaient sans danger se montrer en public.

« Fuyons! dit tout bas Jean-Paul.

— Fuyons! répondit Petit-Jacques. »

Et les deux amis se dirigèrent, du fond de la grange où ils étaient, vers la porte extérieure qu'ils voyaient entr'ouverte.

Ils marchèrent lentement, à petits pas, n'osant respirer, parmi tous les gens de la troupe qui gisaient çà et là, comme des morts sur un champ de bataille, et qu'ils avaient si grand intérêt à ne pas éveiller.

Oh! comme leur cœur battait de crainte à chaque ronflement qu'ils entendaient, à chaque dormeur qui se remuait, à chaque brin de paille que leur pied faisait bruire!

Enfin, ils ont échappé à tous les périls du trajet. Deux pas encore, les voilà libres! Ils touchent à la porte... ils l'ouvrent...

Un fantôme se dresse alors devant eux.

Ce fantôme, c'est leur terrible maître, qui, debout sur le seuil, les bras croisés et fumant sa longue pipe, accueille les déserteurs par un formidable ricanement.

La Providence n'avait pas encore épuisé sur eux ses trop justes colères; et même, dois-je le dire? les plus cruelles peut-être et les plus humiliantes leur restaient à subir.

« Eh bien ! eh bien ! où allez-vous donc ainsi, mes jeunes virtuoses ? s'écria leur affreux tyran. Est-ce que par hasard vous voudriez nous quitter ?

— Oui, répondit Jean-Paul ; nous voulons retourner chez nos parents. Vous n'avez pas le droit de nous retenir malgré nous.

— Minute ! minute ! mes jeunes philosophes. Causons tranquillement, et ne nous fâchons pas, si cela vous est égal. Vous vous êtes engagés dans ma troupe :

est un marché conclu; il n'y a pas à s'en dédire. Je vous ai pas donné une somptueuse hospitalité, je vous ai pas habillés comme de vrais mirliflores, ne vous ai pas nourris de festins de Balthasar, n'ai pas donné le dernier vernis à votre éducation, ur qu'au premier caprice vous me rendissiez victime la plus noire ingratitude. Vous m'appartenez, et ne souffrirai pas que vous quittiez une ménagerie nt, je vous le réitère, vous êtes le plus bel orne-ent. Ainsi donc, rentrons, et à la besogne! »

Le *Marquis* appuya ce discours d'un sifflement s-persuasif de la baguette de noisetier qu'il avait ijours pendue au côté.

Il fallut bien se résigner.

Un roulement de tambour mit tout le monde sur ed, car le saltimbanque venait d'imaginer une nou-lle manière d'utiliser le temps, en attendant l'heure la représentation, qui devait avoir lieu le soir[1].

Aux nombreux talents dont nous l'avons vu doué,

1. Indépendamment des modifications et additions de détail ortées dans tout ce qui précède, depuis le commencement du e jusqu'ici, une grande partie de ce qui va suivre, jusqu'au 19e lernier chapitre inclusivement, ne se trouve que dans la précé-te édition et dans celle-ci.

(*Note de l'Éditeur.*)

le *Marquis de la Galoche* joignait ceux d'inventeur d'élixirs, d'arracheur de dents, de marchand de pommades, d'exterminateur des rats, d'extirpateur de durillons, de philanthrope, d'apothicaire, de vétérinaire, etc. C'était un génie universel.

Ce fut à l'exercice de ces utiles métiers qu'il résolut de consacrer les moments de loisir qui lui restaient.

Il divisa sa troupe en deux bandes.

Ceux-ci, revêtus des brillants costumes de l'état, devaient lui servir de cortége, accompagner son tombereau de charlatan, et augmenter ainsi la grotesque splendeur qui entoure de tels personnages.

Ceux-là, revêtus au contraire de simples habits de paysan, devaient se présenter successivement comme curieux, comme malades, comme acheteurs, afin d'attirer la foule et d'entraîner les chalands par la force de l'exemple. Dans l'argot du métier, on appelle *allumeurs* les compères de ce genre.

Le *Marquis de la Galoche* fit ensuite l'inventaire de son abominable pharmacie. Elle consistait, pour le moment, en pots, en boîtes et en fioles parfaitement vides, mais ornés de magnifiques étiquettes, lesquelles annonçaient :

1° De la pâte pectorale, guérissant radicalement

les rhumes, les catarrhes, les phthisies, les pulmonies, les coqueluches, les cors aux pieds, etc., par brevet d'invention et de perfectionnement. Cette pâte était la seule approuvée par la Faculté de médecine. On pouvait d'ailleurs l'appliquer avec un égal succès aux animaux, aux chiens, aux chats, aux moutons, aux volatiles et aux bêtes à cornes;

2° Une pommade capillophile, pour arrêter la chute des cheveux, les empêcher de blanchir, et les faire croître à la minute sur les têtes les plus chauves. Toujours par brevet d'invention et de perfectionnement, avec approbation exclusive de la Faculté de médecine. L'étiquette portait la recommandation expresse pour les personnes qui se serviraient de ce cosmétique, d'avoir bien soin de ne pas y toucher avec les doigts, car (si grande en était la puissance!) on avait vu des imprudents se faire croître instantanément, par l'effet d'un pareil contact, des forêts de cheveux au bout du pouce et de l'index, ce qui était très-gênant pour prendre du tabac;

3° Un onguent souverain pour les brûlures, les courbatures, les morsures, les blessures, les talures, les fractures, les foulures, les écorchures et les engelures. Toujours par brevet d'invention et de perfectionnement, avec approbation exclusive de la Faculté de médecine.

Pour composer ces trois spécifiques mirobolants, le *Marquis de la Galoche* prit une certaine quantité de saindoux, en remplit indifféremment tous les petits pots vides, et les couvrit d'une enveloppe verte à filet d'argent, avec un dessin métaphorique, lequel représentait un philanthrope vénérable, ayant une longue robe semée d'étoiles, un long bonnet pointu et une barbe blanche; tenant à la main une baguette symbolique entortillée de vipères, et guérissant une foule d'hommes, de femmes, d'enfants, d'animaux, dont il recevait pour tout salaire les touchantes bénédictions. Au bas était écrit: *Franklin, inventeur du paratonnerre, du parapet, du parasol, du paravent, du parachute et du parapluie.*

Le même saindoux devint ainsi, par la seule force de l'étiquette, de l'onguent, de la pommade et de la pâte pectorale.

L'ingénieux apothicaire prit ensuite de la simple farine de sarrasin, substance fort commune au village; il en remplit différentes boîtes, et en fit, par le procédé analogue, une poudre pour les dents, un purgatif, un sternutatoire contre les migraines, et même un poison exterminateur des rats. Toujours par brevet d'invention et de perfectionnement, avec approbation exclusive de la Faculté de médecine.

Notre Esculape ramassa enfin quelques brassées de foin dans la grange, le hacha menu, le roula en petits paquets, l'enveloppa de *la manière de s'en servir*, et en fit, au choix des futurs amateurs, du vulnéraire suisse, du thé chinois, et un comestible à l'usage des malades, des convalescents, et généralement de toutes personnes ayant l'estomac débile ou délicat. Ce foin haché reçut, pour ce dernier cas, un nom imité de l'africain, car, s'il faut en croire la droguerie contemporaine, les Africains, qui n'ont pas toujours de quoi manger dans leurs déserts, possèdent une foule d'aliments aussi salutaires que délicieux. Toujours par brevet d'invention et de perfectionnement, avec approbation exclusive de la Faculté de médecine.

Restait à fabriquer la plus miraculeuse de toutes les drogues inventées par le *Marquis* : le *véritable élixir de Mathusalem*. Toujours par brevet d'invention et de perfectionnement, avec approbation exclusive de la Faculté de médecine.

Ajoutons que *la manière de s'en servir*, qui enveloppait chacun de ces ingrédients, était ornée du dessin que nous avons décrit, et accompagnée d'une foule de certificats constatant les fabuleuses guérisons qu'elle avait opérées. Ces attestations étaient délivrées par des malades imaginaires, réputés incurables autrement, ou tout au moins par des badauds complaisants; comme il est toujours si facile d'en trouver en pareil cas.

La recette de ce merveilleux *élixir* était d'une simplicité vraiment patriarcale. L'illustre chimiste puisa de l'eau pure dans l'abreuvoir à bestiaux qui était placée dans un coin de la cour. Il remplit de ce liquide primitif une centaine de longues fioles, et les boucha au moyen d'un cachet de cire représentant ses *armes*, c'est-à-dire deux pilons en sautoir. L'exergue de ce blason offrait cette devise dédicatoire : *A l'humanité souffrante.* Enfin, l'étiquette dont le *Marquis* entoura chaque fiole de cette eau parfaitement pure, présentait loyalement cet AVIS ESSENTIEL : « *Toute fiole non revê-*
« *tue de ma signature et de mes armes est déclarée*
« *fausse, et je poursuivrai les contrefacteurs selon*
« *toute la rigueur des lois.* »

Croyez-le bien, mes jeunes lecteurs, presque tous ces remèdes uniques, spécifiques, odontalgiques, mirifiques, dont les pompeuses annonces s'étalent si impudemment à la quatrième page des journaux ; presque toutes ces drogues nauséabondes sont fabriquées, à peu de chose près, par des procédés aussi simples que celui de notre empirique. C'est du mensonge en bouteille, en boîte, en fiole et en petit pot. La sottise seule peut s'y laisser prendre. Vous serez trop sensés, j'aime à le croire, pour payer jamais le moindre tribut à ce charlatanisme éhonté, dont les habitants des campagnes sont trop souvent victimes.

Tous ces préparatifs étant achevés, le *Marquis de la Galoche* se mit en marche, précédé comme toujours de son horrible cacophonie, et alla se poster fièrement sur la place du village.

Son costume avait subi les modifications exigées par les convenances de cette nouvelle profession. Sa veste turque avait disparu sous un vieil habit rouge orné d'épaulettes à graines d'épinards, et assez semblable à l'uniforme d'un généralissime anglais ; sa toque de velours était remplacée par un vaste chapeau à claque, embelli d'une cocarde de fantaisie, et surmonté d'un immense plumet vert.

Le vacarme de son orchestre, dont Jean-Paul et Petit-Jacques continuaient de faire partie, eut bientôt attiré de nombreux spectateurs autour du char triomphal où se pavanait l'ingénieux factotum.

Enfin le *Marquis de la Galoche* imposa alors silence aux virtuoses de sa suite : il porta le revers de la main droite à la hauteur de son front, comme pour saluer militairement la foule, et, posant sa gauche sur sa hanche, il prit majestueusement la parole en ces termes :

« Messieurs et Dames, tous les philosophes tant « anciens que modernes, tous les savants qui ont con- « sacré leurs veilles à l'étude de l'humanité, s'ils se « sont disputés et injuriés sur beaucoup de points, se « sont du moins accordés sur celui-ci, à savoir : que « l'homme paraît être sujet à une foule de maladies.

(*Marques d'étonnement dans la foule.*)

« Cette découverte est, à coup sûr, une de celles « qui font le plus d'honneur à leurs laborieuses inves- « tigations.

« Mais, sans en appeler au témoignage presque « unanime des philosophes de tous les temps, je dirai « même de toutes les époques, qui ont le plus appro- « fondi cette importante question, je me borne à invo- « quer ici votre propre expérience... Hein?... plaît-il? « Il me semble que ce *Mossicu*, là-bas, sourit avec un

Le marquis de la Galoche prit la parole.

air d'incrédulité... Permis à lui!... Sa conduite ne prouve pas une grande capacité physiologique; mais les opinions sont libres. Je persiste donc, et je dis que, à l'exception de *Mossieu*...

(*Tous les regards cherchent avec une expression de âme l'incrédule qui n'existe pas.*)

« Oui, à l'exception de *Mossieu*, il n'est aucun de vous, Messieurs et Dames, qui, interrogé par un magistrat, osât répondre en justice, la main sur la conscience : « Non, l'homme n'est pas sujet à une foule de maladies! » Il n'est aucun de vous, en effet, qui n'ait eu l'occasion d'observer, çà et là, que l'homme est sujet à la fièvre, à la colique, à la berlue, au mal de dents, à la goutte, aux engelures, au tétanos, au choléra, aux *compères loriot*, aux fluxions de poitrine, aux rhumes, aux tuiles sur la tête, aux cors, aux anévrismes, aux durillons, à trente-six mille autres inconvénients de ce genre. Non, Messieurs et Dames, vous n'êtes pas venus, sans avoir remarqué cela, jusqu'à l'âge que vous avez peut-être. (Ce mot ne s'adresse point au sexe enchanteur qui m'écoute, et qui ne saurait avoir aucune espèce d'âge.)

(*Ici les femmes présentes minaudent avec grâce.*)

« Je me plais à rendre cette justice à la finesse « d'observation dont la nature vous a doués.

(*Assentiment général.*)

« Or, Messieurs et Dames, ce n'est pas tout que de « dire : « Il est à peu près généralement reconnu que « l'homme est sujet à une foule de maladies. » Le « premier venu peut être capable d'en dire autant. « Ce n'est pas là qu'est le difficile. Le difficile c'est « de les guérir.

(*Adhésion générale.*)

« Par malheur, il ne paraît pas que ce soit jus- « qu'à présent le but que se proposent la plupart des « grands philosophes qui se sont occupés de la ma- « tière. Vous êtes malades, vous les interrogez : ils « vous répondent très-catégoriquement que vous avez « telle maladie, pourvu toutefois que ce ne soit pas « telle autre ; mais, pour ce qui est de vous l'enlever,

« va-t'en voir s'ils viennent ! C'est absolument comme « si vous leur proposiez de prendre la lune avec les « dents !

(*Bruyante hilarité.*)

« Eh bien, Messieurs et Dames, ce qu'aucun d'eux « n'a pu faire jusqu'à ce moment, je viens le faire, « moi qui vous parle ! Et si j'ose me flatter d'une « pareille supériorité, ce n'est point pour satisfaire un « puéril amour-propre. Non, je dois le proclamer « hautement, car je rougirais de me parer des plumes « d'un autre : ce remède surprenant, cet élixir incom-« parable, je dirai même... sans pareil, que je vous « apporte en ligne directe du fond de l'Arabie Pétrée, « eh bien ! je n'en suis que le très-humble dépositaire. « C'est à l'illustre Mathusalem que l'humanité en est « redevable. Oui, Messieurs et Dames, au respectable « Mathusalem, dont vous n'êtes pas sans avoir en-

« tendu parler; ingénieux savant qui, par l'effet seul « de son élixir, parvint sain et sauf à l'âge de neuf « cent neuf ans, neuf mois, neuf jours, et conserva « si bien toute la vigueur de la jeunesse, qu'au mo- « ment même de son trépas il se portait parfaitement « bien. Certainement, s'il ne fût pas mort, il eût vécu « encore bien plus longtemps!

(*Légères marques de doute.*)

« Voici, Messieurs et Dames, ce remède étonnant. « Je ne m'arrêterai pas à vous en faire l'éloge : je me « contenterai de vous dire qu'il guérit de tout, même « des maladies qu'on n'a pas encore.

(*Murmure flatteur.*)

« Oui, Messieurs et Dames, il guérit même « d'avance, par opposition à tant d'autres remèdes « qui ne guérissent pas même après.

(*Rires et applaudissements.*)

« Il guérit les malades, il guérit les gens bien « portants, et il faut qu'un individu soit diablement « mort pour qu'il ne le fasse pas ressusciter.

(*Admiration croissante.*)

« Avez-vous la migraine? Très-bien! Versez-en « deux ou trois gouttes dans un verre d'eau, et « avalez sans crainte : cela n'a pas de mauvais goût,

« cela ne sent absolument rien. Eh bien, crac! votre
« migraine disparaît comme si on vous l'ôtait avec la
« main.

« Avez-vous mal au pied? Très-bien! Même dose,
« et crac! votre mal de pied s'en va comme si l'on
« vous coupait la jambe.

« Bref, mon *élixir de Mathusalem* guérit comme
« par enchantement l'apoplexie, l'esquinancie, la
« pleurésie, l'asphyxie, la léthargie, la frénésie, la
« phthisie, l'aristocratie, la démocratie, la facétie, la
« folie, la catalepsie, la suprématie, la gastronomie,
« l'impéritie, l'autocratie, la chiromancie, la myopie,
« l'orthodoxie, la palinodie, la superficie, la bélo-
« manie, la bradypepsie, la catoptonomancie, la cris-
« tallomanie, le lénomancie, la leuco-flegmasie, la
« libanomancie, l'arinocratie, l'hydrophobie, la para-
« lysie, l'épilepsie et même la mélancolie. Il fait voir
« les sourds, fait entendre les aveugles, redresse les
« bossus, rajeunit les vieillards, calme le feu du rasoir,
« et préserve la peau de toute tache de rousseur. Je
« n'en finirais pas. Il faut l'éprouver pour le croire!

(*Explosion d'enthousiasme.*)

« Je voudrais, en effet, que vous eussiez en ce
« moment toutes les maladies imaginables. Messieurs

« et Dames, vous en seriez bientôt débarrassés !

« Je pourrais vous citer ici une foule de cures plus « merveilleuses les unes que les autres, ainsi que le « constate le certificat des malades eux-mêmes; mais « ce serait de la vanité : je n'en citerai donc aucune.

« A Vienne en Autriche, par exemple, Sa Majesté « l'empereur m'envoya chercher dans plusieurs car- « rosses, pour me faire administrer quelques gouttes « de *Mathusalem* à Sa Majesté l'impératrice, auprès « de qui les plus fameux médecins du pays avaient fini « par perdre leur latin.

« — Guéris l'impératrice, me dit ce vertueux « monarque (il me semble encore l'entendre !), guéris-la, sauve mon épouse, et je te donne la moitié de mon vaste empire.

(*L'auditoire respire à peine.*)

« Je la guéris effectivement, et ce vertueux monarque me fit remettre par son valet de chambre un magnifique écu de trois francs.

(*Murmure de satisfaction.*)

« Oh! la cure valait cela! C'était de décrépitude que l'auguste princesse s'était laissée tomber malade. Quatre-vingt-douze ans et quelques mois! Il s'agissait de la rajeunir. Excusez du peu! Eh bien, ce fut une bagatelle. J'ai vraiment honte d'en parler! Trois gouttes par jour pendant un mois suffirent à la guérir de soixante-quinze ans. C'était, par jour, plus de deux ans de moins. L'illustre malade était donc revenue à l'âge de dix-sept ans, âge charmant, âge des ris et des jeux, que les poëtes appellent si ingénieusement le printemps de l'existence. Par malheur pour elle, Sa Majesté l'impératrice ne fut pas tout à fait satisfaite de la métamorphose. L'auguste princesse tenait à n'avoir que quinze ans : c'était son idée. Elle eut la légèreté de prendre encore de mon élixir en cachette. Or, elle se trompa de dose, et par conséquent se rajeunit beaucoup trop.

« C'est au point que, quand je partis de Vienne en « Autriche, elle était retombée complétement en en- « fance. Son illustre époux avait été obligé de la « remettre au re-maillot, et de lui re-donner une « re-nourrice. Cet événement fit beaucoup de bruit et « exerça une grande influence sur les fonds publics. « Tous les journaux en ont parlé pendant plus de « deux ans.

(*Nouvelle explosion d'enthousiasme.*)

« Mais voici qui est bien plus fort! Attention!

« Un particulier a l'imprudence de se précipiter « volontairement du haut de la cathédrale de Moscou, « dont la flèche est à six mille cinq pieds au-dessus « du niveau de la mer. Personne n'a jamais pu monter « jusqu'au bout, pas même ceux qui l'ont bâtie, « attendu que la respiration vous manque à moitié « chemin.

(*L'auditoire paraît haleter d'inquiétude.*)

« Bref, l'imprudent Moscovite se brise la tête, se « casse bras et jambes, et s'enfonce toutes les côtes « imaginables. Il ne faut pas lui en vouloir : ce n'était « pas sa faute, il y avait cas de force majeure; il ne « pouvait raisonnablement pas s'en dispenser d'après « toutes les lois de l'attraction. Eh bien, je ne fais ni

ne ni deux : je lui verse aussitôt dans la bouche
ois cuillerées et demie de mon *Mathusalem*, et
ac ! le gaillard se relève.

(*Enthousiasme impossible à décrire.*)

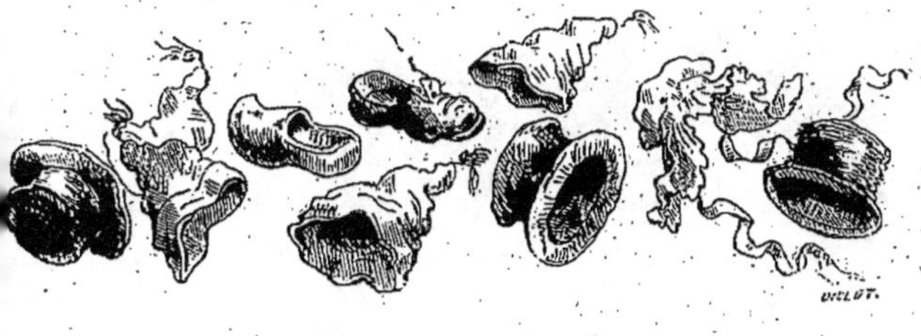

« Et il continue son chemin, sans même penser à
ne dire : Merci ! combien est-ce ? On n'a pas idée
'un pareil oubli des convenances ! Il paraît que
avais guéri celui-là, même de la politesse.

(*Hilarité mêlée d'indignation contre le Moscovite.*)

« Mais, au surplus, ce n'est point par l'appât
'un vil lucre que je travaille : c'est pour l'honneur,
'est pour soulager l'humanité souffrante. Gardez
otre argent, Messieurs et Dames ; gardez-le ! je
'en veux point ; je ne veux que le remboursement
ur et simple de mes avances ; voilà tout. Je n'ai
as besoin d'argent, moi ; je puis même en prêter.
Qui est-ce qui veut que je lui prête de l'argent ? Il
'a qu'à passer au bureau ; ce sera sans intérêt.

(Témoignage de reconnaissance. Quelques personnes plus sensibles que les autres, se prennent à verser des larmes d'attendrissement.)

« Mais, me direz-vous, à combien donc ton *Élixir* « *de Mathusalem?*

« Je réponds à cela que je ne vends pas mon Élixir. « Non, Messieurs, je le donne. Ce n'est rien pour le « contenu : c'est seulement deux sous pour la fiole. « Deux sous, pas davantage! C'est six francs de « moins que ça ne me coûte à moi-même. Enfin, n'im- « porte! La bienfaisance avant tout! Les hommes sont « sur terre pour s'entr'aider, comme dit cet autre. « Vous avez de l'argent, vous m'en donnez gratuite- « ment, et moi, en revanche, je vous donne gratui- « tement mon élixir. Que deviendrait le monde sans « cette fraternité réciproque? J'offre de parier trente sous que le monde n'existerait pas dans quinze jours!

(*L'attendrissement devient universel.*)

« Mais, dois-je vous le dire?... vous avez de plus par-dessus le marché (en donnant deux sous de plus), un recueil de secrets importants, tirés du *Grand-Albert*, pour toutes les circonstances de la vie, y compris les démarches à faire pour se marier; la liste des formalités à remplir pour s'exempter de la conscription, quand on est sourd, bossu, aveugle, paralytique ou défunt; et enfin la véritable manière de confectionner les cerises à l'eau-de-vie, et de mettre sa cravate d'une manière un peu *chouette*.

« Vous avez de plus, par-dessus le marché (en donnant deux sous de plus), un recueil de douze complaintes sur les plus jolis assassinats de cette année, avec des airs nouveaux, très-faciles à chanter, pour égayer l'honorable société où l'on se trouve. »

« Vous avez de plus, par-dessus le marché (en donnant deux sous de plus), un recueil de tours extrêmement curieux, pour escamoter les tabatières à vos connaissances, pour coudre ensemble les habits de deux voisins, pour glisser du crin coupé dans le lit de vos amis, en un mot, pour être l'homme le plus agréable de la compagnie.

« Vous avez de plus, par-dessus le marché (en « donnant deux sous de plus), un *Talleyriana*, choix « unique des bons mots, réparties piquantes, calem- « bours et facéties diverses, que feu Son Éminence, « le prince de Bénévent, a dits avant sa mort, et qui « en ont fait un si illustre diplomate. Quand on pos- « sède ce petit livre, on peut se présenter partout « sans crainte, même à la cour, et improviser de « mémoire, pour toutes les circonstances, une foule « de ces ingénieuses bêtises, qui font immédiatement « d'un individu l'homme le plus spirituel de l'époque.

« Tout cela, pour la bagatelle de deux sous! « de quatre sous! de six sous! de huit sous! de dix « sous! Il y en a pour toutes les fortunes. Quant aux « personnes qui n'auraient pas le moyen, qu'elles se « présentent sans crainte: je me ferai un devoir de « leur administrer gratuitement mon élixir, pourvu « qu'elles soient munies d'un certificat d'indigence, « délivré par M. le maire, légalisé par M. le préfet, « et approuvé par M. le ministre des Finances. Si je « me vois réduit à prendre cette précaution contre « l'entraînement de ma propre sensibilité, c'est qu'on « a maintes fois abusé de ma philanthropie bien connue, « et qu'une foule de Crésus très-bien portants ne crai-

« gnaient pas de se dire malades, pour avoir la jouis-
« sance de se faire guérir gratis.

« Qu'on se le dise!

« Approchez donc, Messieurs et Dames! Voici le
« reste de mes magasins! Il ne serait plus temps
« demain! Profitez de l'occasion! Parlez! Faites-vous
« servir! En avant la musique! »

CHAPITRE XVII.

Suite du précédent : Admirable recette pour détruire les insectes non susceptibles d'être apprivoisés. — La mâchoire de Jean-Paul court le plus grand danger. — Retour à la grange. — Nouvelles nouvelles. — Horribles fonctions que le *Marquis de la Galoche* impose aux infortunées victimes de sa délirante imagination. — Nos héros sont forcés de se repaître d'étoupes enflammées, et de se désaltérer d'esprit-de-vin. — Affreux malheur.

La superbe harangue du charlatan produisit une ›nsation inexprimable. Les acheteurs se pressèrent en ›ule autour de l'officine à quatre roues, du haut de ›quelle l'*ami de l'humanité souffrante* leur distribuait ›s bienfaits empaquetés, tandis que la *Reine des îles*

Salmigondis en recevait le prix, et que l'orchestre continuait son étourdissant vacarme.

La vogue était naturellement réservée à ce fameux *Élixir*, qui rajeunissait même les centenaires; qui guérissait tout le monde, même les boiteux, les bossus et les manchots. Tout le monde en voulut donc, surtout les femmes, jeunes et vieilles, celles-ci pour recouvrer leur jeunesse, celles-là pour la conserver.

Il restait cependant quelques fioles du merveilleux liquide, car le nombre des fioles préparées avait dépassé d'une vingtaine celui des dupes. Le *Marquis* n'aimait point à perdre une partie de sa main-d'œuvre. Il prit une seconde fois la parole pour réchauffer l'enthousiasme. En général, au barreau et à la tribune comme sur les tréteaux, un orateur doit toujours parler deux fois au moins sur le même sujet.

« A mon reste! s'écria-t-il, à mon reste! C'est « une occasion unique! Je ne donne mon *Mathusalem* « à ce prix que pour cause de cessation de commerce. « Dès demain, j'abdique en effet la glorieuse mission « de faire le bonheur de mes semblables; dès de- « main, satisfait et content des immenses richesses « que m'a values mon philanthropique désintéresse- « ment, je retourne à la vie privée, je me retire dans

« mes terres, pour y goûter les charmes de l'étude
« et de la retraite, pour y voir se lever l'aurore et cul-
« tiver des pommes de terre, avec une conscience pure
« et tranquille, deux cent mille livres de rentes, et le
« doux souvenir du bien que j'ai pu faire. La vie,
« pour moi, ne sera désormais que le soir d'un beau
« jour. Je le répète, Messieurs et Dames, profitez de
« la circonstance !

« Je ne vous ai pas dit, d'ailleurs, tous les effets
« de mon incomparable Élixir. J'ai passé les meilleurs
« sous silence, car je n'ai jamais oublié que la mo-
« destie doit être l'apanage du vrai mérite. Mais
« puisque vous m'y forcez, je vais enfin vous les ré-
« véler tous.

« Non-seulement, Messieurs et Dames, mon Élixir
« enlève les taches de rousseur sur le visage, mais
« encore il nettoie parfaitement les vieux habits.

« Non-seulement il engraisse les personnes mai-
« gres, mais encore il maigrit les personnes grasses.

« Non-seulement il rend la fraîcheur, la force,
« la santé, la vie aux hommes, mais encore il donne
« la mort aux mouches, aux cousins, aux puces, aux
« cris-cris, aux punaises, à tous ces insectes incor-
« rigibles dont la nature s'est plu à orner nos domi-

« ciles, afin de nous faire admirer l'infinie variété de « ses créations, et dont, comme l'a dit un poëte, « je ne sais plus lequel, un nommé Malherbe, je « crois :

> « Le tourlourou qui veille aux barrières du Louvre
> « Ne défend pas nos rois. »

« Aussi, Messieurs et Dames, presque toutes les « têtes couronnées de l'Europe m'ont accordé depuis « longtemps l'entreprise générale de leur extermina- « tion. Je parle des insectes qui peuplent les palais.

« Voici comment il faut s'y prendre pour triompher « de ces nuisibles hôtes qu'une femme de beaucoup « d'esprit, la célèbre madame de Staël, appelait des « ennemis intimes.

« Occupons-nous, par exemple, de la punaise; car, qui dit la punaise dit la puce, le cousin, la mouche, etc.; le procédé est le même.

« En général, on est injuste envers la punaise. C'est un animal extrêmement curieux à voir au microscope. Mais je n'ai pas mission de réformer tous les préjugés.

« Or, une bande de cinq mille punaises, je le suppose, a fixé son domicile politique dans votre alcôve.

« Que faites-vous en présence d'un si formidable danger? Rien de plus simple. Vous commencez par acheter de mon Élixir, et vous n'en frottez ni votre lit, ni vos tentures, ni vos rideaux, ni les parois de vos murailles. Et d'un

« Quand vous n'avez pas fait cela, vous passez sans dormir quinze ou vingt nuits, s'il le faut, à côté de votre lit, la chandelle à la main, observant les mœurs de ce curieux animal, étudiant les nuances délicates de son caractère explorant ses habitudes, ses goûts, ses caprices

« même et ses gracieuses fantaisies. Et de deux.

« Cela fait, quand l'heure de la vengeance vous « semble enfin venue, vous vous mettez en embus- « cade, le cœur ému, comme le jour d'une bataille, « l'œil attentif, la poitrine oppressée, à la porte du « repaire qu'habite votre implacable ennemie; et là, « lorsqu'elle vient à sortir de son antre, vous vous « précipitez courageusement sur elle, vous la saisissez « d'une main ferme mais délicate, vous la placez à la « renverse sur le carreau, vous vous baissez, vous lui « posez le genou sur la poitrine, vous lui reprochez « sa conduite en termes amers, et enfin vous vous « écriez avec toute l'exaltation qu'inspire la victoire : « — Misérable! reconnais ton vainqueur!... Et de « trois.

« Le tour est fait; ce n'est pas plus malin que ça. « Vous pouvez ensuite lâcher votre adversaire si votre « genou ne l'a pas trop incommodée. Il n'y a pas de « danger qu'elle ose y revenir : l'animal est un peu « trop humilié pour cela. Donc, pour peu que vous « recommenciez le même manége avec les autres, « vous êtes à peu près certain d'être débarrassé de la « bande, y compris celles qui auront eu le temps « d'éclore dans l'intervalle.

« Et voilà comment, Messieurs et Dames, par l'effet de mon Élixir, on extermine les insectes réputés indomptables jusqu'à ce moment.

« Qu'on se le dise.

« En avant la musique ! »

Ce supplément de discours obtint le résultat qu'en ttendait l'orateur.

« Approchez, approchez sans crainte ! » continua-t-il en grossissant la voix, et en agitant vivement es bras au-dessus de sa tête, pour achever d'étourdir eux des amateurs qui hésitaient encore. « Approchez !... Qui veut cette fiole ? c'est la seule qui me reste... Laissez approcher madame... Voici, Madame... Merci, Madame !... A l'avantage de vous revoir !... — Qui veut de cette autre ?... c'est la seule qui me reste... Laissez approcher monsieur... Voici, Monsieur !... Enchanté d'avoir fait votre connaissance !... — Qui veut de celle-ci ?... c'est la seule qui me reste... Les personnes qui ne seront pas satisfaites de l'usage pourront réclamer leur argent, en rapportant la fiole... Parlez, parlez !... Personne n'en veut plus ?... Une fois ?... deux fois ?... trois fois ?... C'est bien vu ?... bien entendu ?... Pas de regret ?... Adjugé !... La vente est close ! Vous

« m'apporteriez maintenant des montagnes d'or, que « je vous dirais : Complet, adressez-vous ailleurs ! « C'est ainsi qu'il faut agir dans le commerce. La « bonne foi avant tout ! »

Après avoir épuisé, par ces divers moyens, presque toute sa pharmacie, l'infatigable philanthrope se mit à extirper quelques cors, pour ne pas se laisser rouiller la main dans l'exercice de ce qu'il appelait un talent de société. Il arracha ensuite quelques dents qui *voulurent bien l'honorer de leur confiance.*

Les dents crédules n'étaient pas nombreuses dans le principe. Aussi, pour exciter leur empressement, se vit-il forcé de montrer son savoir-faire sur un des personnages de sa troupe. Ce fut Jean-Paul qu'il choisit pour cette expérience, comme il avait choisi Petit-Jacques pour lui extirper en apparence les durillons qu'il n'avait pas.

L'opérateur fit donc monter notre héros à côté de lui, et se mit en devoir de lui dégarnir la mâchoire pour le plus grand encouragement des molaires récalcitrantes.

Heureusement, l'intérêt même de l'opérateur lui commandait de ne faire sur son patient que le simulacre de l'opération, afin de ne pas augmenter les appréhensions des mâchoires égrotantes. C'était de sa manche, et non de la bouche de Jean-Paul, qu'il extrayait les énormes chicots, dont il offrait ensuite le spectacle à la foule.

Jean-Paul en fut donc quitte pour la peur, et céda volontiers sa place à quelques véritables fluxionnaires, qui s'en trouvèrent beaucoup plus mal.

Plus d'une fois il lui arriva d'arracher deux ou trois bonnes dents par la même occasion que la mauvaise; mais alors l'impassible bourreau disait à sa victime :

« Rassurez-vous : il n'y en a que deux d'arrachées. Ce n'est rien. Par la sambleu! il devrait y en avoir bien davantage! Au surplus, je suis un honnête homme : vous n'avez rien à perdre avec moi. Je vous ai arraché quatre canines, je vous les rends, car je suis inca-

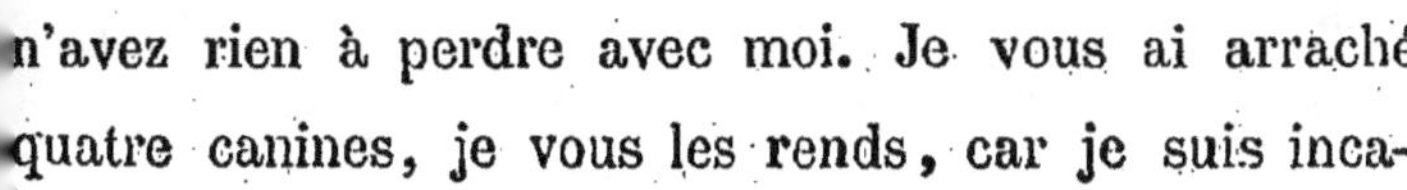

pable de faire du tort à qui que ce soit, et vous n'en payerez qu'une seule. »

Ce fut par ces opérations que le *Marquis* termina sa promenade humanitaire. Son instinct, ou plutôt son flair, ne lui révélant plus aucun centime à extraire de la poche des auditeurs, il donna enfin le signal de la retraite. On revint à la grange avec le même déploiement de luxe, et l'on s'y prépara en toute hâte pour la représentation dont l'heure approchait.

De nouveaux ennuis attendaient alors nos malheureux amis.

« Mes jeunes virtuoses, » leur dit le *Marquis de la Galoche*, « si j'en dois juger d'après votre conduite d'hier et d'aujourd'hui, il paraît que décidément vous n'avez pas de dispositions pour les rôles d'animaux féroces. Vous n'en avez montré jusqu'à présent que pour la clarinette, la grosse caisse, et le flageolet par les narines. Je vais donc vous faire débuter dans un autre genre. Et, par exemple, vous sentiriez-vous quelque goût pour la danse de corde ?

— Comment voulez-vous que nous dansions sur la corde? répondit Petit-Jacques; nous ne l'avons jamais appris.

— Ce n'est pas un empêchement! répliqua le

Marquis. La danse de corde est encore un de ces talents vulgaires qu'on apporte en naissant. Et d'ailleurs, quand on s'y casse le cou, cela ne gâte absolument rien au coup d'œil : le public croit alors qu'on l'a fait exprès. Toutefois, puisque cela vous contrarie, laissons la corde pour aujourd'hui. Nous en reparlerons. En attendant, auriez-vous du moins quelque goût pour avaler des sabres, ou pour manger des étoupes enflammées, avec un peu d'esprit-de vin en guise de sauce ?

— Ah ! mon Dieu !

— Allons, je vois ce que c'est : vous préférez les étoupes aux sabres, mais vous n'osez pas avouer votre faible. Voyez-vous les gaillards ! ils préfèrent les étoupes ! ils ne sont pas dégoûtés ! C'est bien certainement ce qu'il y a de plus friand dans l'état ! Va donc pour les étoupes, car je suis le meilleur homme du monde ! Mais au moins, ne vous plaignez plus de moi ! »

Jean-Paul et Petit-Jacques voulurent lui adresser quelques objections, mais l'éloquente baguette de noisetier menaça encore de les réfuter si victorieusement, qu'ils n'osèrent pas les lui soumettre.

Pendant ce temps, la *bagatelle de la porte* attirait

les passants, et la salle se trouva bientôt pleine de spectateurs.

C'est à ce moment que j'ai besoin de rassembler toutes mes forces pour vous dire l'épouvantable catastrophe à laquelle nous touchons. Il ne faut rien moins que ma sincère envie de vous être agréable, pour me faire entreprendre un tel récit.

Le spectacle commença, comme à l'ordinaire, par des tours de gibecière et de prestidigitation.

Le *Marquis* excellait en ce genre.

Il escamota des montres et des bagues. Les bagues se retrouvèrent dans les montres; et les montres faillirent ne se retrouver nulle part.

Il emplit un verre de vin, et le jeta, changé en fleurs, au nez du beau sexe présent.

Il déchira des mouchoirs, les bourra dans un canon de fusil, fit feu, et les fixa tout à coup, parfaitement intacts, contre la muraille opposée.

Il devina les cartes que chacun avait pensées.

Il coupa le cou à un pigeon, et, par la vertu de sa poudre de perlinpinpin, recolla la tête et le corps, et ressuscita l'infortuné volatile.

Il fit sauter un caniche au nom de la France, et le fit hurler au nom de l'Angleterre.

Il appela un des assistants, et menaça de lui ouper le nez au tranchant d'un immense rasoir. ,a frayeur du patient égaya eaucoup l'assemblée.

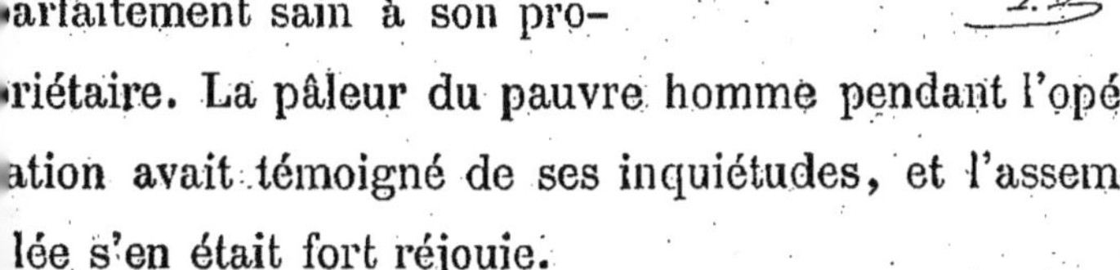

Enfin, il cassa des œufs lans un chapeau d'emprunt, es en retira omelette, ré- artit ce comestible entre les mateurs, qui le trouvèrent xcellent, et rendit le chapeau arfaitement sain à son pro- riétaire. La pâleur du pauvre homme pendant l'opé- ation avait témoigné de ses inquiétudes, et l'assem- lée s'en était fort réjouie.

Tous ces tours et beaucoup d'autres obtinrent le uccès qui ne leur manque jamais. Pendant plus de uinze jours, les badauds du pays ne cessèrent d'en hercher le secret, se disant les uns aux autres : « Mais, mon Dieu ! comment a-t-il pu faire?... C'est donc un sorcier, que cet homme-là? »

Les exercices de ce genre sont amusants sans oute, mais pas plus là qu'ailleurs il n'y a de prodige ans ce bas monde, où les plus grands effets ont tou- ours une cause extrêmement simple. L'illusion, dans l'espèce qui nous occupe, n'est jamais qu'une question d'adresse, ou de connivence avec quelques-uns des assistants qu'on appelle des *compères*.

Vinrent ensuite les exercices de force, de funambulisme et d'équilibre.

Les petites filles de la *Reine des îles Salmigondis* firent des culbutes sur un tapis; se tinrent sur les deux mains, les pieds en l'air; et se penchèrent, par la force du jarret, en avant d'une chaise, aux barreaux de laquelle leurs pieds seuls étaient appuyés. Elles firent le saut de carpe, la roue, la pyramide, la guirlande, l'éventail et le bouquet, se groupant et s'enchevêtrant les unes avec les autres, de manière à former ces diverses figures.

Les grandes sœurs dansèrent à leur tour sur la corde roide, avec et sans balancier, s'y assirent, s'y couchèrent à la renverse, s'y drapèrent d'écharpes, y firent la Renommée sur une seule jambe, traversèrent des cerceaux, valsèrent à deux et à trois temps, et, pour terminer, exécutèrent intrépidement, les pauvres filles, le saut périlleux en avant et en arrière, à la juste épouvante de l'assistance.

Pour faire ressortir, par le contraste, l'adresse, l'agilité, la grâce et le courage des petites et des grandes, Panouille les imitait en charge, échouant lourdement à chaque tentative, faisant d'abominables contorsions, se cassant le nez, roulant, tombant, criant. C'était la caricature à côté du tableau.

La *Reine des îles Salmigondis* réclama ensuite sa part d'applaudissements.

Sa Majesté avala, pour la millième fois de sa vie, un sabre creux composé de morceaux qui, au lieu de pénétrer réellement dans le gosier, rentraient discrètement les uns dans les autres, comme les tubes d'une grande lorgnette.

Elle souleva, à bras tendu, d'énormes poids en tôle creuse.

Enfin, s'allongeant, le corps roidi, comme un pont vivant jeté sur deux chaises, la tête posée sur l'une, les pieds posés sur l'autre, elle se fit placer au creux de l'estomac une grosse enclume en carton peint, sur laquelle Panouille et le *Marquis* frappèrent à tour de bras, au moyen d'immenses marteaux en liége, noircis à la limaille; le tout, sans qu'elle parût être plus incommodée de ces coups à assommer en apparence un bœuf, que ne l'est une élégante et paresseuse créole lorsque deux esclaves aux bras légers éventent et rafraîchissent délicatement sa jolie figure, en agitant au-dessus d'elle un doux et frêle éventail de plumes. Cet exercice, qui fit frémir les spectateurs et tira de leur poitrine alarmée le cri de : « Assez, assez ! » termina dignement la première partie du spectacle.

La seconde commença par une double séance de sorcellerie. Le *Marquis* et son épouse se placèrent chacun derrière un rideau, aux deux côtés du théâtre; celui-ci, vêtu d'une longue robe à étoiles d'argent, et coiffé d'un long bonnet pointu de magicien; celle-là, costumée en pythonisse, avec une grande paire de lunettes sur le nez; tous deux disant la bonne aventure à ceux des amateurs, hommes et femmes, qui, pour deux sous de supplément, étaient curieux de connaître leur futur, leur présent et même leur passé.

Le *Marquis* faisait de la nécromancie avec les hommes, au moyen d'un long cornet acoustique, et d'après la seule inspection de leur physionomie et des lignes formées par les plis intérieurs de leurs mains. Quelle que fût la différence des lignes et des physionomies, il prédisait indifféremment à tous, des oncles d'Amérique, des gains de procès, des trouvailles de trésors, de douces victoires sur leurs rivaux, et surtout des héritages très-prochains.

La Reine des îles Salmigondis se servait d'un jeu de cartes pour interroger le Destin en faveur du beau sexe, dont elle s'était constituée la sibylle. Son procédé n'était pas moins invariable que celui de son époux. Quelles que fussent les séries de cartes, elle prédisait à toutes ses jeunes clientes de jolies robes, des fichus de dentelles, des bonnets à rubans, beaucoup de bals, peu d'ouvrage, d'éclatants triomphes de vanité, des gâteaux délicieux, l'estime publique, un grand nombre de prétendus, un prince pour mari et des souliers neufs à Pâques.

Voilà pour l'avenir, tel que les deux nécromanciens l'annonçaient à tout le monde, moyennant dix centimes.

Quant au présent et au passé, leurs révélations se tenaient prudemment dans une réserve beaucoup plus vague encore. Leurs dires se bornaient, selon la règle, à des généralités banales qui s'appliquaient un peu à tout le monde, par cela même qu'elles ne s'appliquaient complétement à personne.

C'était une sorte de miroir terne où chacun s'imaginait reconnaître quelques-uns de ses traits, parce qu'il y voyait un nez, des yeux, une bouche. Mais, en pareil cas, la crédulité s'émerveille des plus futiles analogies, quoiqu'il n'y ait jamais, au fond des plus parfaites ressemblances de ce genre, que hasard ou banalité.

On peut donc s'étonner de la vogue dont, à Paris surtout, ont joui à différentes époques, et dont jouissent encore certains devins et certaines devineresses, qui ont pu et qui peuvent compter dans leur clientèle, non-seulement des niais, des fous, des maniaques, des cerveaux détraqués, mais encore des hommes d'esprit, des hommes de génie même. On reste confondu quand on voit de brillantes intelligences s'humilier ainsi devant l'impudence d'imbéciles charlatans. Que ne peut l'amour du merveilleux, cette faiblesse des plus grandes forces! Gardez-vous de cette funeste tendance. A quoi bon demander d'impossibles révélations à l'ignorance prestigieuse de ces imposteurs, en habit ou en jupon? Le passé, vous le connaissez; le présent, vous le faites vous-même; l'avenir, Dieu seul le sait.

Pendant que nos deux sorciers exploitaient à l'écart la foi de quelques béotiens, Panouille fit une quête à son bénéfice, avec cette formule sacramentelle :

« N'oubliez pas les petits profits de Paillasse, s'il vous plaît. »

Après quoi, pour remercier les donateurs et occuper l'attention des personnes de bon sens qui dédaignaient la science cabalistique de ses maîtres, il revint sur le devant du théâtre, et exécuta, à la satisfaction générale, les diverses balourdises qui composaient son répertoire. Il se posa une chaise en équilibre sur le menton.

Il se donna des soufflets, sous le prétexte de se prendre des mouches sur la joue;

Il bâilla d'une oreille à l'autre;

Il feignit de dormir, et ronfla en tuyau d'orgue;

Il tourna rapidement sur lui-même, comme une toupie d'Allemagne, pour saisir le bout de sa queue, laquelle tournait naturellement aussi vite que lui;

Il chercha à se voir le blanc des yeux, dans ses yeux, avec ses yeux;

Enfin il loucha horriblement pour mieux apercevoir le bout de son nez.

Ces invariables facéties amusèrent le public jusqu'au moment où le *Marquis* et sa moitié rentrèrent en séance publique.

Diverses expériences de fantasmagorie varièrent alors les plaisirs de la foule. Les palais de feu, les soleils tournants, les têtes de monstre, qui, toutes petites d'abord, grossissent, grossissent, et semblent, en grossissant, se précipiter sur vous, les yeux flamboyants, la gueule ouverte, les dents aiguës, comme pour vous dévorer; toutes ces brillantes illusions d'optique causèrent les alternatives habituelles de joie et de terreur, au milieu de la profonde obscurité de la salle.

Comme on le voit, le *Marquis de la Galoche* avait plus d'une flèche à son arc pour chasser au badaud.

Les chandelles furent rallumées; le saltimbanque passa, pour terminer la séance, a l'exhibition ordinaire de la ménagerie, des curiosités, des phénomènes vivants, empaillés ou en bocal, et arriva enfin à la démonstration de ce que, dit-il, on avait réservé pour la *bonne bouche*. Il amena Jean-Paul et Petit-Jacques sur le devant de la scène. Il les présenta au public comme des salamandres, animaux fabuleux qui sont censés vivre dans le feu et ne se nourrir que de flammes; et alors, pour en donner la preuve, il approcha de leur figure la chandelle qu'il tenait à la main, et embrasa le paquet d'étoupes imbibées d'esprit-de-vin dont il leur avait bourré la bouche.

Cela fit beaucoup rire les jobards,

Quelle situation pour nos amis!

Pour comble de malheur, et cela se conçoit, Jean-Paul et Petit-Jacques oublièrent les sages recommandations qu'ils avaient reçues de leur maître dans la coulisse. Quand ils se virent un rideau de flamme devant les yeux, ils perdirent toute présence d'esprit : ils arrachèrent maladroitement les étoupes de leur bouche, se brûlèrent les doigts, se sauvèrent à l'aventure, promenèrent à travers la grange les lambeaux incendiaires qu'ils rejetaient loin d'eux, et enfin communiquèrent le feu aux bottes de paille dont les piles garnissaient chaque paroi de la muraille.

Cinq minutes après, l'incendie dressait au-dessus du toit son long panache frémissant.

Je n'essayerai pas de vous dire ce qui se passa en ce funeste moment : les cris d'épouvante, les imprécations, les bondissements de la foule qui se précipitait vers la porte de la grange, devenue trop étroite pour ses flots accumulés; ce serait un horrible tableau.

Le sort de nos héros absorbe d'ailleurs tout ce qu'une pareille scène peut me laisser de libre esprit

Hélas! la Providence, dont il ne nous appartient pas de sonder la sagesse, voulut-elle qu'ils périssent dans cette terrible catastrophe, en punition de leurs fautes passées; ou bien permit-elle qu'ils en fussent sauvés par un nouveau prodige, en récompense du sincère repentir qu'ils avaient déjà manifesté?

Telle est, mes jeunes lecteurs, l'incertitude qui me tourmente moi-même; mais, cette fois encore, je vais recueillir les informations les plus sûres; et, quelle que soit leur destinée heureuse ou malheureuse, j'aurai la satisfaction, j'aurai le courage peut-être de vous la dire tout entière.

CHAPITRE XVIII.

Incendie. — Deux inconnus sont sur le point de périr. — Beau trait de courage et de philanthropie qu'offre un géant à l'admiration de ses contemporains. — Terrible alternative. — Singulière discussion qui s'établit entre le propriétaire de la grange incendiée et le propriétaire de la ménagerie rôtie. — Les bienfaits de la paix succèdent enfin aux horreurs de la guerre. — Dixième apparition du géant. — Complication du mystère qui règne dans ses relations sociales avec le *Marquis de la Galoche*. — Léthargie profonde d'un fonctionnaire public.

En moins de cinq minutes, comme nous l'avons dit, l'incendie avait enveloppé l'édifice.

Ce qu'il y a de plus effrayant au monde, c'està coup sûr un incendie nocturne. Ces bouffées de flamme qui s'élancent par les ouvertures, ces langues de flamme qui se dressent par-dessus le toit, ces tourbillons de flamme plus jaune et qui semble bouillir dans l'intérieur de l'édifice, ces jaillissements d'étincelles petillantes, ces colonnes de fumée rougeâtre qui montent et s'allongent dans le ciel en longues draperies de feu, cette lueur blafarde que l'incendie projette tout à l'entour, ce râlement continuel du foyer, ces craquements subits de poutres, ce fracas des toitures qui tombent, ce bruit sourd des murailles qui croulent, ces cris de désolation, ces appels sinistres, ce tocsin, ces mille bruits de la foule qui s'empresse : tout cela, c'est quelque chose d'épouvantable qu'on ne saurait oublier jamais, quand on l'a vu, quand on l'a entendu.

Ce qui augmentait encore, dans la circonstance présente, et l'horreur du spectacle et le danger du feu, c'est qu'un grand vent soufflait alors, qui en redoublait l'activité et poussait les flammes au delà de leur foyer, dans toutes les directions, comme d'immenses serpents de feu qui eussent cherché de nouvelles proies.

La grange, par bonheur, était suffisamment distante de tout autre édifice, et l'incendie ne put se propager.

Mais n'avait-on pas à déplorer de bien plus grands malheurs? Combien de victimes avaient pu périr? Qui étaient-elles?

Chacun tremblait pour les siens.

Cette perplexité devint surtout terrible lorsque, la façade du bâtiment s'étant écroulée, on entrevit dans

l'intérieur, sur une poutre presque intacte où l'instinct de leur frayeur les avait entraînées, deux personnes dont on ne pouvait distinguer parfaitement les traits, et qu'en raison de cette incertitude même chacun crut reconnaître pour lui appartenir.

A cette vue, mille cris de terreur s'élevèrent comme un seul cri; puis il se fit un silence plus effrayant encore : on respirait à peine, comme si chacun eût partagé le péril des deux infortunés.

De temps en temps la flamme les entourait, et on les croyait ensevelis dans ses plis dévorants. Une longue et sourde plainte se faisait entendre, puis un coup de vent déchirait ce rideau de feu, et les montrait de nouveau à la foule redevenue silencieuse, sur leur poutre à demi consumée déjà, parmi les décombres et les tisons qui tombaient autour d'eux, et dont le moindre eût pu les précipiter dans le gouffre incandescent qui bouillonnait à leurs pieds.

Leur perte était certaine, disait-on. Quel moyen de leur porter secours? L'essayer seulement, c'eût été s'exposer au même sort, sans nul avantage pour eux.

Ainsi raisonnait la foule; car la foule est souvent plus peureuse, plus égoïste encore que compatissante.

Eh bien, ce qu'elle n'osait tenter, un homme de cœur, un seul, l'essaya. Honneur à lui!

Une longue échelle se dressa contre la partie du bâtiment la plus voisine de l'endroit où tous les yeux étaient fixés par la sympathie de l'effroi, et un homme d'une taille gigantesque en gravit rapidement les barreaux, malgré la flamme et la fumée qui s'échappaient incessamment par les crevasses.

Bientôt il apparut debout, sur la crête du mur au bas duquel se trouvaient les malheureux que son courage bien méritant, mais bien inutile peut-être, l'en portait à vouloir sauver.

Impossible, en effet, d'arriver jusqu'à eux.

Que faire?

Les abandonner?

Mais comment s'y résoudre, quand il les voyait là, qui lui tendaient les bras, qui l'imploraient de la voix et du geste?

Tandis que la foule continuait de faire de la théorie, le hardi libérateur disparut subitement au milieu d'un tourbillon de fumée.

Plus d'espoir!

On le crut perdu lui-même.

Rien ne plaît à la foule autant que les oraisons funèbres, car elles satisfont à la fois ses deux sentiments les plus généraux : indifférence pour les mérites vivants, admiration pour les mérites trépassés. On s'empressa donc de faire déjà l'éloge du prétendu mort.

Les uns admirèrent son courage, les autres plaignirent sa triste fin. Mais il y en eut aussi qui blâmèrent, tout en l'exaltant, sa généreuse entreprise, et qui l'appelèrent une folle témérité, une imprudence, une sottise ; les lâches!

L'apothéose du Géant allait ainsi bon train, lorsqu'on l'aperçut de nouveau sur la crête du mur, non plus debout, mais assis; non plus seul, mais entre ses deux protégés.

Aux lamentations succédèrent de longs cris de joie, des trépignements, des vivat, des applaudissements interminables. Ce sont là des récompenses et des encouragements sur place, dont la foule n'est jamais avare en présence du péril.

Ne pouvant arriver jusqu'à ceux qu'il avait résolu de sauver, l'inconnu s'était couché à plat ventre sur le mur; il leur avait tendu la main, et, grâce à son adresse et à sa force merveilleuse, il était parvenu, en les balançant d'abord, au risque de leur désemboîter le bras, et en leur imprimant ensuite un vigoureux élan, au risque de leur briser la tête, il était parvenu, disons-nous, à les élever à la hauteur de ce mur et à les asseoir dessus.

Mais le plus difficile était encore à faire.

Restait à les conduire jusqu'à l'échelle, qui se dressait par malheur à plus de trente pas de là. Le trajet offrait de formidables difficultés. Il n'y avait que deux manières de l'effectuer :

Ou bien, il leur fallait marcher debout, au milieu d'une fumée brûlante, sur un mur fort élevé, où le moindre faux pas, le moindre vertige pouvait les faire manquer d'équilibre. Or, de quelque côté qu'ils fussent tombés, soit en dehors, soit en dedans, c'était la mort!

Ou bien, il fallait se traîner péniblement sur ce mur, dont les pierres se détachaient une à une, et croulaient sous le moindre poids. Or, c'était perdre du temps, et en pareille circonstance, une seconde peut-être, c'était encore la mort!

Ils réussirent pourtant, car la Providence le voulut ainsi; car le plus sûr moyen de se garantir de tout, c'est justement de n'avoir peur de rien. Il n'est guère de danger dont on ne parvienne à se tirer, non par la prudence qui fuit, mais par celle qui affronte. Courage et sang-froid, voilà, sur cette terre, le meilleur bouclier de l'homme.

Après mille obstacles dont je n'ai pu vous donner qu'une imparfaite idée, et tels qu'après le succès on est encore tenté de les regarder comme insurmontables, l'inconnu et ses deux protégés, qu'il ne cessait d'encourager de la voix, atteignirent enfin l'échelle, et la descendirent l'un après l'autre, car, déjà à moitié calcinée par les atteintes de la flamme, elle n'eût pu supporter sans se rompre le poids de deux personnes.

L'inconnu descendit le dernier.

Il était temps! A peine eut-il posé le pied à terre, que murailles et charpentes, tout s'abîma. Rien ne resta debout. On ne vit plus, à la place de l'édifice, qu'un monceau de décombres, de pierres noircies et de tisons fumants.

Ce fut alors qu'arrivèrent en toute hâte les pompes du canton; car c'est ainsi que cela se passe nécessairement dans nos malheureuses campagnes: les pompes, les pompiers, les secours les plus indispensables n'arrivent presque jamais sur le théâtre de l'accident que le lendemain de l'accident.

Je n'ai pas besoin de dire combien de compliments cette action courageuse valut à l'étranger. Le grand nombre des hommes n'a juste assez le sentiment du bien que pour louer ceux qui le font.

Mais quel était cet inconnu qui, comme tous ses pareils, les gens capables de grandes actions, faisant le bien par amour du bien, et non point par un sentiment de vaine gloriole, se souciait aussi peu des éloges dont on l'accablait vivant, qu'il se fût peu soucié des magnifiques épitaphes dont on eût chargé sa tombe?

Enfin, quels étaient aussi les deux infortunés qu'il venait d'empêcher de rôtir d'une façon si courageuse?

Vous vous doutez de ma double réponse.

Le libérateur, c'était encore notre Géant; et ses deux protégés, c'étaient encore Jean-Paul et Petit-Jacques.

Ces derniers faisaient vraiment pitié à voir. Leurs habits de saltimbanques n'offraient plus que de sales lambeaux d'étoffe à moitié roussis par le feu; leur figure était noire de fumée, et leur tête presque chauve, car leurs cheveux, comme leurs sourcils, avaient été entièrement brûlés. C'était d'ailleurs le seul dommage qu'ils eussent subi en leur personne.

Après les scènes d'admiration, de gratitude et d'attendrissement qui avaient suivi leur délivrance, vinrent inévitablement des scènes d'un genre moins pathétique. Les plus grandes catastrophes d'ici-bas ont toujours leur côté burlesque. Les passions sordides peuvent se taire un instant, quand la voix des circonstances graves se fait entendre plus haut que la leur: mais, le danger passé, elles recouvrent bientôt leur loquace voracité. La carte à payer, hélas! est le terme de tout en ce bas monde, où rire et larmes, joie et douleur, enthousiasme et révolte, plaisir et peine, gloire et honte, tout aboutit souvent à une formule d'arithmétique.

Comme à cette époque, on n'avait pas encore imaginé ces Compagnies d'assurance, si utiles pour la plupart, le malheureux propriétaire n'avait ici pour toute ressource que la solvabilité du *Marquis de la Galoche*. C'était peu de chose.

Faute de mieux, l'incendié s'adressa donc à son seul débiteur, naturellement responsable du désastre, puisque la cause première était venue de personnes appartenant à sa troupe.

Mais le *Marquis de la Galoche* n'était ni d'humeur ni de fortune à payer un pareil dégât. Lui aussi, puisqu'il s'agissait de donner et non de recevoir, il eut recours aux grands airs poétiques, aux maximes excessives d'honneur, de probité, de désintéressement, dont nous parlions plus haut

« Je m'étonne, s'écria-t-il d'un ton dédaigneux, qu'en présence d'une si horrible catastrophe, quand la consternation règne encore sur tous les visages comme au fond de tous les cœurs, quand les cendres de ce monument sont encore fumantes, quand les braves citoyens qui nous écoutent sont encore tout palpitants d'épouvante, oui, je m'étonne, et même je m'indigne qu'un homme, un seul, il est vrai, ait le triste courage de venir jeter des paroles d'argent au milieu de si poignantes émotions; de changer en une vile question de lucre une si déplorable calamité; et qui sait? de profiter peut-être de la douleur publique pour bénéficier sur l'infortune! ah! *Mossieu*, je rougis pour l'humanité de votre conduite... Allez, allez, passez votre chemin, bonhomme : on ne peut pas vous donner. La seule indemnité que vous puissiez espérer, c'est l'estime de vos semblables, c'est la considération des honnêtes gens, c'est la bienveillance de vos concitoyens, c'est enfin la sympathie profonde que je porte moi-même à votre malheur. Ce dédommagement ne saurait vous manquer, si vous avez la pudeur de n'en pas réclamer d'autre; et celui-là, croyez-moi, vaut à lui seul tous les trésors de la terre. Songez, *Mossieu*, qu'en ce moment solennel la France tout entière a les yeux sur vous. Adieu! »

A ces mots, le *Marquis de la Galoche* tourna le dos au requérant, et fit un pas pour s'éloigner; mais celui-ci le saisit au collet.

« Ne me touchez pas! reprit vivement le *Marquis*, en se dégageant des mains de son créancier; ne portez pas la main sur moi, ou, par la sambleu! je crie à la garde! à l'assassin! au voleur! je vous traduis en police correctionnelle! je vous dénonce à l'animadversion de vos concitoyens, je vous signale même à l'indignation des races futures! »

M. l'adjoint, avec qui nous avons déjà fait connaissance, arriva heureusement pendant cette apostrophe du *Marquis*. Il accourait au bruit du tocsin, en même temps que les pompes retardataires, dans ce village qui faisait partie, comme le précédent, de sa juridiction éclairée.

C'était de sa nature un homme très-sensible; mais la rapidité de sa marche l'avait trop essoufflé pour qu'il pût être accessible en ce moment à l'éloquence du saltimbanque. L'essoufflement est très-voisin de la stupidité.

Il n'en était pas de même de la foule. Les mots ronflants de « braves citoyens, de calamité, de pu« deur, d'estime publique, de générosité, de désinté« ressement, etc., » l'avaient profondément émue. Ces grands mots, jetés à propos ou non, mais d'une voix retentissante, au milieu d'une multitude, y produisent toujours des commotions électriques. L'assistance, d'ailleurs, n'étant pas composée de richards, devait sympathiser avec le prolétaire.

La raison inverse dut, au contraire, disposer favorablement le magistrat pour le propriétaire de la grange. Il évoqua la cause, engagea le demandeur à ne point sortir des termes de la modération, et enjoignit au défendeur de rester en sa présence, pour y répondre péremptoirement aux réclamations de son adversaire.

Cette conduite, parfaitement équitable, fit murmurer la foule, qui lui retira d'emblée une partie de la popularité qu'elle lui avait accordée d'emblée la veille.

« Vous ne partirez pas sans m'avoir payé! s'écria le propriétaire, en continuant de barrer le passage au saltimbanque.

— Quoi? qu'est-ce? repartit le *Marquis* avec dignité. Vous attentez, je crois, à ma liberté individuelle! Arrière, bonhomme, arrière!

— Vous avez beau dire, répondit le propriétaire, nous ne nous quitterons pas sans avoir réglé notre compte. Qui brûle les granges les paye. Je m'en rapporte à monsieur l'adjoint.

— Je respecte infiniment l'autorité sacrée de Monseigneur l'adjoint, reprit le *Marquis;* mais Son Excellence n'a pas mission de juger de simples questions de sous et deniers.

— C'est possible, interrompit le propriétaire;

mais si monsieur l'adjoint ne peut vous contraindre à payer, il peut du moins vous flanquer provisoirement en prison comme incendiaire.

— Pourquoi pas comme faux-monnayeur, pendant que vous y êtes? Allez, allez! mon brave homme, je dédaigne vos injures : elles partent de trop bas pour pouvoir m'atteindre. Au fait, que voulez-vous? Vous refusez tout ce que, dans ma longanimité, j'ai la faiblesse de vous offrir. Adieu!

— Ce que je veux?... Je veux que vous me payiez ma grange, à l'instant même, ou bien qu'on vous mène coucher en prison.

— Hé, mon Dieu! si ce n'est que cela, il fallait donc le dire plus tôt. Passez à ma caisse; mais demain, après-demain, la semaine prochaine, car aujourd'hui je suis trop ému pour m'occuper d'affaires d'intérêt. J'ai besoin d'ailleurs de m'entendre avec mon banquier, l'illustre baron de Rothschild, pour retirer d'entre ses mains une bagatelle, quelques centaines de mille francs, je crois, qui m'embarrassaient dans mes voyages. Tout ce que je puis vous offrir pour le moment, c'est un billet de moi, c'est la signature de la maison *Galoche* et compagnie. Mais cela vaut de l'or; cela vaut même infiniment mieux : c'est moins lourd et plus portatif. Si le cœur vous en dit, donnez-moi une plume. Adieu!

— Du tout! du tout! Ni billet, ni signature, ni traite sur votre banquier! C'est de l'argent qu'il me faut, sinon je retiens votre bataclan, je le fais vendre à mon profit, et si ça ne suffit pas, je vous fais coffrer pour le reste. Tout ce verbiage est inutile! Vous avez brûlé ma grange, vous me payerez ma grange. Je ne connais que ça. Elle ne valait pas beaucoup, et il n'y avait pas grand'chose dedans; mais c'est égal, si peu que peu, vous l'avez brûlée, vous la payerez!

— Ah! ah! vous le prenez sur ce ton! s'écria, en désespoir de cause, le *Marquis de la Galoche*, dont l'impudence croissait toujours en proportion de l'embarras où il pouvait se trouver. Eh bien! je réclame à mon tour le prix de ma ménagerie. J'avais l'intention de vous en faire cadeau, en considération de vos pertes, car je suis un homme de bien, et je me serais fait scrupule d'aggraver votre situation; mais enfin, puisque vous faites le joli cœur, je n'écoute plus rien, j'impose silence à la sensibilité de mon naturel, et je réclame le prix de ma ménagerie. Et, au fait, je serais bien bête de n'en rien faire! Raisonnons. Vous m'aviez loué une grange pour m'y mettre en sûreté, moi et les miens. Il faut convenir que je m'adressais joliment! Enfin n'importe! Au lieu de cela, votre satanée baraque s'avise de prendre feu comme une allumette et de réduire mes animaux à l'état de gigot de mouton. Ces Messieurs et ces Dames savent que c'est votre faute. Donc, puisque c'est votre faute, vous devez me rembourser la valeur de ce que vous m'avez fait perdre. Il me semble que c'est clair! Hé! hé! mon brave homme, cela vous apprendra à vouloir faire le rodomont. Adieu!

— Il ne s'agit pas de cela, morbleu! répéta le propriétaire, que l'effronterie du *Marquis de la Galoche* avait complétement exaspéré. Vous avez brûlé ma grange, vous me payerez ma grange!

— Vous avez brûlé ma ménagerie, vous me payerez ma ménagerie!

— Vous me payerez ma grange!

— Vous me payerez ma ménagerie!

— Je demande quinze cents francs d'indemnité!

— Je demande six mille francs de dommages-intérêts!

— Vous êtes un brigand!

— Vous êtes un polisson!

— Monsieur!...

— *Mossieu!*...

— Je ne sais ce qui me retient de vous exterminer!

— J'ai besoin de toute la clémence dont la nature m'a doué pour ne pas vous manger tout cru! »

L'explication, après avoir suivi toutes les phases ordinaires, depuis l'exquise politesse jusqu'à l'insultante grossièreté, eût certainement fini par les voies de fait habituelles sans l'officieuse intervention du Géant.

Le mystérieux personnage se plaça tout à coup entre les adversaires, les sépara, les mena à l'écart et leur parla tout bas.

Que dit-il pour les apaiser? Promit-il à chacun d'eux une égale indemnité? Et, s'il fit cette double promesse, fut-ce en son nom, ou bien au nom d'une personne absente?

Je l'ignore; mais sa parole eut pour résultat de les calmer subitement l'un et l'autre.

« Du moment qu'il en est ainsi, dirent-ils, cela suffit.

— J'étais bien sûr que je ne payerais pas, ajouta le *Marquis*.

— J'étais bien sûr que je serais payé, répliqua le propriétaire.

— Et nous avions raison tous deux.

— Tant il est vrai qu'en affaires, pour être parfaitement d'accord, il n'y a rien de tel que de s'entendre.

— A qui le dites-vous! Quant à moi, je n'ai jamais douté un seul instant de votre loyauté.

— J'ai toujours rendu justice à la vôtre.

— On peut se disputer entre honnêtes gens, on peut même se dire une foule d'injures; mais cela n'empêche pas de se comprendre et de s'estimer.

— Au contraire. Parbleu! vous me faites l'effet d'un franc luron.

— Et vous d'un bon enfant.

— Donnez-moi une poignée de main.

— De tout mon cœur, et allons boire à notre réconciliation.

— Il n'y a rien qui altère comme l'éloquence. »

La foule s'était attendue à un pugilat : elle fut déçue et mécontente. C'est toujours ainsi. Quand deux hommes se menacent du geste, de la parole ou de la plume, la foule s'amasse auteur d'eux, les agace, les pousse, et trouve qu'ils mettent trop de lenteur à passer à l'action; puis, quand l'action est faite, la foule les blâme énergiquement d'avoir cédé à ses instigations. Il est difficile, comme on le voit, de satisfaire ses mobiles caprices. Le mieux est de n'y pas prétendre.

Castor et Pollux se rendirent, bras dessus bras dessous, au prochain cabaret.

Le Géant disparut alors, après avoir échangé avec le *Marquis de la Galoche* un de ces branlements de tête qui prouvent qu'on est parfaitement d'accord. De quelle nature pouvaient être les intelligences qui existaient entre eux, si toutefois il en existait? Nous parviendrons peut-être à pénétrer tôt ou tard ce mystère : car, pour sûr, il y a quelque mystère là-dessous.

Mais, pardon! j'allais oublier M. l'adjoint.

Nous l'avons laissé en état de léthargie sur la chaise que la piété filiale des administrés avait offerte d'abord à l'essoufflement paternel du magistrat.

La foule s'était écoulée, après la réconciliation des deux plaideurs.

Lorsque le juge improvisé se réveilla des tirades soporifiques du *Marquis*, il y avait deux heures et demie qu'il était absolument seul, ronflant comme un serpent d'église, au milieu de la grande place du village. Mais le digne fonctionnaire était plus à plaindre qu'à blâmer. Tandis qu'il dormait, sa popularité s'en allait grand train, comme nous l'avons dit. La juste faveur qu'il avait paru accorder aux réclamations du propriétaire incendié avait achevé de le perdre dans l'esprit des populations. L'enthousiasme des masses est une de ces bulles de savon qui crèvent, comme elles se sont gonflées, au moindre souffle.

CHAPITRE XIX.

Auguste infortune du *Marquis de la Galoche*. — Dernier voyage de la troupe. — Où va-t-elle? — D'un angora qui se destine à l'emploi de civet de lièvre. — Onzième, douzième et treizième réapparitions du Géant. — La maison enchantée. — Curieuses dispositions du *Marquis de la Galoche* pour varier agréablement le coup d'œil du spectacle. — Le Colosse de Rhodes et la Naine du Kamtschatka. — Comment un orgue de Barbarie ne joue pas la *Caravane du Caire*. — Métempsycose de nos héros en *Frères Siamois*. — Une lanterne magique comme il n'y en a pas.

Le *Marquis de la Galoche* disait vrai : sa ménagerie tout entière avait péri dans l'incendie.

Ses loups, qu'il appelait pompeusement des chacals, des tigres, des léopards; ses caniches, qu'il appelait des lions, des hyènes, des panthères; ses poules enluminées, qu'il appelait des perroquets, des colibris; ses peaux de serpents gonflées d'étoupes, ses peaux de renards bourrées de foin, ses vingt autres mensonges à deux ou à quatre pattes, tout cela avait été rôti. Il avait perdu en outre la plus grande partie de son bagage, sa grande charrette, ses instruments de musique, sa pharmacie, son matériel d'escamoteur et son attirail de fantasmagorie.

Quelques misérables guenilles à moitié roussies, une lanterne magique, des gobelets de fer-blanc, un orgue de Barbarie, son petit singe, et les deux rosses efflanquées qu'il appelait son *Bucéphale* et son *Pur-Sang*, voilà tout ce qu'on avait pu sauver du désastre.

Et cependant cette perte, qui compromettait ses derniers moyens d'existence, ne lui causait plus le moindre souci depuis que le Géant lui avait parlé à l'oreille.

« La nuit n'a pas été heureuse! s'écria-t-il; mais enfin, à la guerre comme à la guerre! Si on se jetait la tête contre les murs à chaque vexation qui arrive, on aurait le front trop cabossé. En avant la philosophie et le petit verre de Cognac!... Buvons!... Et puis, il y a un proverbe qui dit : « Les jours se suivent et ne « se ressemblent pas. » Nous serons certainement plus heureux aujourd'hui. Et d'abord, comme je vous l'ai insinué déjà, nous sommes loués pour donner une représentation dans une maison bourgeoise, à l'agrément d'un particulier dont c'est le jour de fête. C'est pour nous un beau coup de commerce. Bien logés, bien chauffés, bien nourris. Sans compter les pièces de cent sous qui vont nous pleuvoir comme la grêle. Ma foi! ce ne sera pas de refus! Soyez donc gentils, et je vous promets, pour tôt ou tard, un excellent civet de lièvre. J'ai attrapé, à la sortie de ce maudit village, un superbe angora qui pourra parfaitement jouer ce rôle, quand je l'aurai suffisamment engraissé. Ce matou-là payera pour tous ses concitoyens. La vengeance est le plaisir des dieux, surtout quand elle se présente sous la forme d'un civet. J'ai l'animal dans mon sac, où il se trémousse comme un possédé. Mais, en attendant ce gala, partons. Nous n'avons pas de temps à perdre. C'est à

quatre lieues. Ce qu'il y a de vexant pour vous autres, c'est d'être forcés d'y aller à pied : *pedibus cum jambis*, car vous savez que notre carrosse a rôti. Nous ne pouvons pas tenir tous à la fois sur les deux coursiers qui nous restent. Je monterai *Pur-Sang*. Madame montera *Bucéphale*. Quant à vous, enfants, vous irez tous à pattes, pour ne pas faire de préférence. Seulement, nous en prendrons quelques-uns en croupe à tour de rôle. Allons, en route, mauvaise troupe! »

Les choses se passèrent ainsi. Le *Marquis de la Galoche* prit en croupe les deux plus jeunes de la bande, et en plaça un troisième devant lui, sur le cou de sa monture. La *Reine des îles Salmigondis* monta sur l'autre *coursier*, entre deux sacoches qui contenaient le restant de leur bagage, augmenté de l'angora que le *Marquis* avait recruté. A en juger par les soubresauts de la pauvre bête, elle paraissait se douter des honneurs culinaires qu'on lui réservait.

Pendant le voyage, Jean-Paul et Petit-Jacques, qu'on laissa continuellement au nombre des piétons, se fussent communiqué de bien tristes réflexions, si la présence de leurs compagnons pédestres ne leur eût fait craindre de dangereuses délations. Nous avons vu combien la longue série d'adversités qu'ils venaient de traverser avait fait impression sur leur caractère. L'épouvantable scène de la nuit précédente ne pouvait qu'ajouter un grand enseignement à tous ceux que la Providence leur avait imposés. Plus que jamais leur repentir était sincère, et, à coup sûr, s'ils avaient pu tromper l'active surveillance du *Marquis de la Galoche*, ils eussent fui à l'instant même, ils eussent humblement frappé à la porte de la maison paternelle, prêts à tout châtiment, pour obtenir enfin le pardon de leur faute. Mais la fuite était impossible : ils étaient comme gardés à vue par l'impitoyable maître qu'ils s'étaient donné. Aussi marchaient-ils tête baissée, larme à l'œil, silencieux, et d'autant plus désolés qu'ils ne voyaient pas de terme à leur affreuse situation.

Après s'être embourbés tout le jour par des chemins presque impraticables, comme le sont malheureusement la plupart des chemins de la France, on arriva, à la nuit tombante, près d'une maison de campagne de fort belle apparence, dans un site charmant, au fond d'une longue avenue de peupliers, avec cour, jardin, verger, et métairies tout à l'entour.

Le *Marquis de la Galoche* s'écria :

« Halte ! c'est ici ! »

Il emboucha ensuite sa trompette, et fit entendre

quelques appels. C'était probablement le signal convenu pour annoncer l'arrivée de la troupe. Cette fanfare produisit en effet une grande sensation dans toute la maison, et l'on vit aussitôt des lumières et des ombres traverser en tous sens les appartements.

Un homme de haute stature apparut en même temps à l'entrée de l'avenue, sur le seuil de la grille :

« C'est bien ! dit-il ; on vous attend. »

C'était encore notre Géant.

Jean-Paul ne put l'envisager sans frémir, tant il y avait de fatalité dans les apparitions de ce mystérieux personnage.

« Suivez-moi, » continua le Géant.

Nos voyageurs le suivirent en silence, et, chose étonnante ! ils ne rencontrèrent personne sur leur passage, quoique de nombreuses voitures fussent remisées dans la cour d'entrée, et que l'éclat des lumières intérieures fît de l'édifice une espèce de palais magique, comme on en voit dans les contes de fées.

Nos voyageurs traversèrent la cour : personne !

Ils montèrent l'escalier, qu'illuminaient une foule de lampions : personne !

Ils traversèrent plusieurs appartements brillamment éclairés : personne, personne !

Enfin le Géant les introduisit dans une dernière pièce qui devait servir de vestiaire à la troupe, et il leur dit ces paroles à peu près inintelligibles pour tout autre que le *Marquis* :

« Vous y voilà. Ce sera par cette porte. »

Le Géant ouvrit la porte, et l'on put voir qu'elle conduisait à une espèce de petit théâtre improvisé, sur lequel on montait au moyen d'un escabeau. Ce théâtre, de huit à dix pieds de large, consistait en quelques planches recouvertes d'une ancienne tapisserie à personnages. On l'avait établi sur des tonneaux placés debout, et on l'avait déguisé sous de grands rideaux de fenêtres artistement plissés. La toile qui séparait la scène des spectateurs était formée de deux draps de lit qu'on relevait à volonté de chaque côté pour laisser voir sur le théâtre.

C'était sur ces tréteaux que la troupe devait *travailler*, selon l'argot du métier.

« Vous trouverez ici tout ce qu'il vous faut, ajouta le Géant; et il disparut subitement comme à son ordinaire.

— Attention! dit le *Marquis de la Galoche*. C'est à présent qu'il faut redoubler d'intelligence. Nous avons perdu nos quadrupèdes, nous n'avons plus de bêtes. Il s'agit donc de se comporter de manière à ce qu'on s'aperçoive le moins possible de leur absence. Attention au commandement! — Voici nos rôles respectifs : — Moi, je vas manœuvrer du gobelet et montrer la lanterne magique. Je leur en ferai voir de toutes les couleurs! — Vous, les enfants, en avant les cabrioles! et ne ménageons pas nos reins! — Toi, Panouille, tu vas te détériorer en colosse de Rhodes. — Toi, Bibiche, je t'élève à la position sociale de Naine. — Quant à vous, mes jeunes élèves, vous êtes des gaillards difficiles à utiliser. Si j'en excepte la grosse caisse et la clarinette, dont vous avez joué tout de suite comme celui qui les a inventées, ma foi! vous n'avez réussi à rien! Je fais de vous des Jocrisses : crac! vous vous jetez la tête la première dans des tonneaux de fromage frais! Je vous fais passer pour des polypes, sans bras, sans jambes et sans idiome : crac! vous prenez des crampes aux mollets, et vous criez comme des ténors d'opéra! Je vous nomme aux fonctions d'anthropophages : crac! vous faites la grimace sur du poulet cru! Je vous habille en ours : crac! vous avez la petitesse de vous sauver devant de misérables caniches, vous jetez la terreur parmi toutes les cloches, et vous mettez toutes les gardes nationales en branle. Enfin, je veux vous régaler d'étoupes enflammées : crac! vous incendiez tout un département! Vous conviendrez qu'il y a de quoi dégoûter de votre éducation. Or donc, qu'est-ce que vous allez devenir pour le quart d'heure? Eh bien, pour vous donner une nouvelle preuve de mon amitié, je vais vous faire débuter dans les *Frères Siamois*. Vous n'aurez rien à dire, vous n'aurez rien à faire: vous n'aurez qu'à vous laisser voir. C'est un véritable état de chanoine. Tel est l'ordre du jour. J'ai dit. Rompez les rangs, chacun à son poste! »

On se hâta d'obéir à l'ukase de l'autocrate.

Un tapis rembourré fut étendu d'un côté du théâtre, pour les cabrioles des enfants, et une table fut dressée de l'autre pour les escamotages du *Marquis*.

La *Reine des îles Salmigondis* fit entrer Jean-Paul et Petit-Jacques dans un grand sac, où elle les cousit à côté l'un de l'autre, de façon à ne laisser passer que les deux têtes et les quatre jambes. On ne voyait non plus qu'un seul bras de chacun. Les deux autres étaient restés dans le sac, et faisaient partie du corps de ce double individu qu'ils allaient représenter. L'aimable princesse les entoura de quelques vieux lambeaux de soie, et les coiffa de mauvais turbans à plumes. Jean-Paul et Petit-Jacques se prêtèrent à cette nouvelle mascarade avec une résignation bien naturelle, après tout ce qui leur était arrivé.

Panouille se grandit à la taille des tambours-majors qui font le plus d'honneur à l'espèce humaine.

La *Reine des îles Salmigondis* se rabaissa, au contraire, à la stature d'une enfant de six ans, par un procédé non moins ingénieux que celui dont Panouille avait usé pour s'allonger de trois pieds et demi.

Chacune de ces curiosités vivantes fut recouverte, par le *Marquis*, d'une nappe qui ne devait être enlevée qu'au moment de les présenter à la Société.

Enfin, la lanterne magique fut posée sur le bord du théâtre, de manière que, sans escalader la scène, et grâce à la position inférieure qu'ils occuperaient en restant dans la salle, les spectateurs pussent venir coller leurs yeux aux larges verres du musée portatif. Le petit singe fut placé sur la toiture de ce Louvre, où il exécuta ses gambades ordinaires.

Ces divers préparatifs étant terminés :

« Attention ! et place au théâtre ! » cria le saltimbanque, en frappant trois fois du pied sur les planches de la scène, pour annoncer au public que le spectacle allait commencer.

Cela fait, il se pendit au cou l'orgue de Barbarie, qui composait désormais tout son orchestre, et se mit à en tourner furieusement la manivelle. C'était un vieil instrument qui datait sans doute des premiers temps de cette abominable invention. De trop longs services avaient peu à peu dépouillé son cylindre de la plupart des notes qui les hérissaient dans l'origine. En conséquence de ces lacunes, après avoir poussé des sons criards et traînants, pareils aux gémissements d'une roue mal graissée, l'instrument se taisait tout à coup, puis reprenait brusquement l'air interrompu, à la moitié d'une des mesures suivantes, pour se taire et recommencer de même jusqu'à la fin du morceau, quand le morceau avait une fin. On peut juger des charmes d'une semblable musique.

Ce fut la classique *Caravane du Caire* qui fut exécutée par notre virtuose, au grand déplaisir de l'angora, son nouveau pensionnaire. La pauvre bête, peu habituée encore aux concerts de cette espèce, s'agita si désespérément au fond du panier où elle avait été déposée dans un coin du théâtre, que son domicile d'osier se renversa et se mit à rouler sur la scène, comme si le *Marquis* eût renouvelé sur elle les prodiges harmoniques opérés par Amphion sur les animaux si mélomanes de son temps.

Enfin, lorsqu'un son infiniment trop prolongé, qu'on peut écrire par le mot *kouin*, et qui fut suivi d'un silence indéfini, eut annoncé à l'artiste que cette grotesque ouverture était finie autant que possible, il déposa l'horrible instrument, retroussa la toile qui cachait le théâtre, s'avança gravement, salua trois fois les assistants, et fit l'énumération des nombreuses merveilles qui allaient passer sous leurs yeux.

« C'est bon! s'écrièrent quelques voix; commencez! commencez! »

Le spectacle commença par la préface ordinaire: les cabrioles, les grands écarts, les cerceaux, les tête-en-bas, les renversements, les dislocations, les contorsions de toutes sortes, que nous avons décrites ailleurs : attitudes contre nature qui donnent au corps la forme d'un compas ouvert, d'une paire de ciseaux, d'une équerre, d'un I à rebours, d'un X, d'un Z, d'un C, d'un V, d'un Y, d'un O, etc., et auxquelles les malheureux enfants de la troupe avaient été dressés dès leur plus tendre enfance.

On ne peut voir de tels exercices sans éprouver

un serrement de cœur, en songeant à tout ce qu'une pareille habileté a dû coûter d'inquiétudes, d'injures, de jeûnes, de fatigues, de souffrances et de coups, à ces pauvres petites créatures que l'impitoyable avidité d'un spéculateur pétrit à cet horrible métier. Il y a lieu de s'étonner que la police, si habile et si prompte à déjouer les attentats qui peuvent se tramer dans l'ombre, et quelquefois même ne pas se tramer du tout, contre tel ou tel gouvernement, laisse impunément commettre, en plein soleil, sur nos places publiques, des attentats cent fois plus monstrueux, des attentats contre ce qu'il y a de plus digne de protection sur terre, l'enfance. Si la loi ne donne aucun droit pour mettre obstacle à ces crimes gymnastiques qui font rougir notre civilisation, eh bien, qu'on change la loi. Serait-ce donc exiger trop, que de demander à l'un de nos trente-six codes, pour les enfants des hommes, un peu de cette immunité qu'ils accordent, durant six mois de l'année du moins, aux petits des lapins, des perdrix et des lièvres?

Quoi qu'il en soit, mes jeunes lecteurs, combien ne devez-vous pas bénir le ciel, en comparant le sort qu'il vous a départi, dans ce nid si doux qu'on appelle la famille, et où l'aile maternelle vous est si tutélaire, au sort des enfants qui sont privés de la tutelle d'un père, de la tendresse d'une mère! Que cette comparaison, dont l'occasion se représente si souvent dans la vie, augmente encore votre gratitude pour les protecteurs naturels que vous avez reçus de la Providence, et pour cette Providence qui vous les a donnés.

Après les réflexions qui précèdent, il ne vous paraîtra pas étonnant que l'avant-propos des enfants de la troupe obtînt peu de succès devant le public distingué auquel le saltimbanque s'adressait ce jour-là. De bruyantes exclamations : « Assez! assez! Passez à autre chose! » prouvèrent bientôt l'horreur qu'un tel spectacle inspirait généralement.

Le *Marquis* exécuta, sans plus de faveur, quelques tours de gibecière, puis se hâta de passer à la *démonstration* des phénomènes vivants qu'il avait improvisés d'une manière si ingénieuse.

Il enleva d'abord la tenture qui dérobait aux yeux le colosse de Rhodes et la Naine du Kamtschatka.

Voici comment s'était opérée cette double métamorphose :

La *Reine des îles Salmigondis* avait fait disparaître la moitié inférieure de son auguste personne, dans les profondeurs d'un tonneau drapé en forme de piédestal. Elle était censée se tenir debout sur cette base élevée. Afin d'augmenter le prestige, deux souliers étaient posés devant elle, au niveau de son buste. L'espèce de tunique boréale qu'elle avait endossée dérobait sous ses plis tombants l'orifice de cette chaussure vide, et n'en laissait apercevoir que les deux extrémités. Ainsi réduite à sa plus simple expression, avec sa tête démesurément grosse, son corps trop large, ses bras trop longs, sa toque à plumes de coq, sa figure enluminée, et les grâces lilliputiennes qu'elle affectait, la prétendue Naine offrait alors la plus abominable caricature qu'il soit possible d'imaginer.

Panouille avait accompli le prodige inverse, en

montant sur de hautes échasses dont la tige était chaussée de longues bottes à l'écuyère, gonflées de paille, où se perdait le bas d'un pantalon rallongé pour la circonstance. Avec sa tête, devenue trop petite pour de si longues jambes; avec ses bras trop courts, son buste trop mince, son habit trop étroit, qui ne sortait point à coup sûr des ateliers d'Humann; enfin, avec ses énormes moustaches, ses immenses éperons, sa canne de huit pieds, sa figure bariolée et son chapeau à claque, le soi-disant colosse de Rhodes était sans contredit le digne pendant de la Naine.

Le *Marquis* les présenta comme le mari et la femme, invoqua *Gulliver* pour preuve de leur double nationalité, et pria ces époux si bien assortis de montrer au public leur petit savoir-faire.

La Naine salua gracieusement les spectateurs, minauda comme une enfant mal élevée qu'on prie en société de quelque récitation, et porta la main à son cœur en signe d'émotion profonde.

Le *Marquis* l'encouragea avec bonté, réclama l'indulgence pour elle, et, saisissant son orgue de Barbarie, donna à la bayadère du pôle arctique le signal de la danse qu'elle devait exécuter à la façon des nations hyperboréennes.

La Naine, agitant alors son buste au-dessus du tonneau, opéra un mouvement rapide d'oscillation de droite à gauche, qui passa, comme toujours en pareil cas, pour être la véritable danse des naturelles de son pays.

Elle faisait claquer en même temps, à la hauteur de sa tête, les castagnettes qu'elle tenait à la main, tandis que le *Marquis* jouait de son côté les lambeaux qui restaient à son orgue de *Femme sensible* et de *Fanfan la Tulipe*.

Les mouvements réitérés que la Naine imprimait à son buste, sous prétexte de *danse de caractère*, dérangeant peu à peu les fallacieux souliers, les poussèrent finalement à terre, au risque de détruire tout à fait l'illusion. Mais rien ne déconcertait le saltimbanque. Il assura que les nations polaires avaient pour habitude de danser pieds nus, l'escarpin n'ayant pas encore pénétré jusque chez elles.

Du reste, la Naine termina son *pas de caractère* comme elle l'avait commencé et continué, avec ce sourire stéréotypé que les danseuses donnent à leurs traits pendant leurs exercices chorégraphiques, et dont cependant, sans qu'elles s'en doutent, la grâce de convention est si disgracieuse par sa fixité même.

« Assez! assez! » crièrent quelques spectateurs, à qui une secrète impatience faisait désirer du nouveau.

Le moment était venu pour le colosse de Rhodes de développer ses propres agréments. Appuyé majestueusement sur son long bâton, et la main gauche posée sur la hanche, le Colosse débuta par tourner lentement sur lui-même, comme un lièvre à la broche, en prenant diverses attitudes pour se faire admirer sous toutes les faces, à l'exemple de ces figures de cire que les coiffeurs placent dans leurs devantures sur un mobile pivot.

Le Colosse s'arrêta ensuite, salua le public avec sa canne, la pendit à sa boutonnière, s'adossa au mur, pour consolider sa longue personne, et exécuta les parodies gutturales qui suivent :

Le Colosse battit une marche accélérée sur son menton proéminent, en frappant dessus, avec rapidité, du revers de ses mains recourbées en forme de marteau, de manière que ses lèvres, serrées fortement l'une contre l'autre, s'ouvraient vivement au choc, se refermaient de même, et produisaient une succession irrégulière de petits clapotements, dans le rhythme de *Bon voyage, cher Dumolet*. C'était une chanson fort à la mode du temps de l'empire, sur laquelle les tambours de cette époque ont fait gagner bien des batailles à nos héroïques soldats.

Le Colosse imita ensuite, sans employer d'autres instruments que sa bouche et son nez, le son du cor, de la trompette, du trombone et du cornet à piston. Il exécuta ainsi plusieurs airs du *Jeune Henri*, musique de Méhul, celui de tous nos grands compositeurs qui a le plus nui à la tranquillité publique, en fournissant de gaies et faciles fanfares à ces abominables cors de chasse qui, dans l'intérieur des villes, établissent, d'un cabaret à un autre, ou d'un toit à un autre, de si fausses et si assourdissantes conversations.

Le Colosse de Rhodes imita également, par le même procédé buccal, le cri du coq, de la poule, du canard, de la perruche et du dindon; le chant du merle, du rossignol et du serin; la voix du chien, du chat, de l'ours, du tigre, du bœuf, du mouton, du cheval et de l'âne; et enfin le bruit de la scie, du rabot, de la lime, du champagne qui *glouglousse*, de la soupe qui bout, de la côtelette qui grille et du beurre qui gémit dans la poêle à frire.

« Assez! assez! » crièrent des voix encore plus nombreuses que la première fois.

Le docile *Marquis* se hâta d'allumer les chandelles intérieures de la lanterne magique.

Pendant ce temps, les deux filles aînées de la *Reine des îles Salmigondis* se disposèrent à occuper l'attention d'une manière aussi poétique qu'originale. Privées des cordes, des balanciers, des cerceaux et des guirlandes de papier dont se composait le matériel incendié de leur principal talent d'agrément, *Zéphyrine* et *Paméla* n'avaient encore payé aucun tribut aux plaisirs de l'assemblée.

Ces deux jeunes *artistes* se placèrent donc, l'une derrière l'autre, de façon que du fond de la salle on n'en aperçut qu'une seule. Celle du premier plan chanta *Ma Normandie* d'une voix rauque et chevrotante, tandis que celle du second plan, passant ses bras ous les bras que la première ramenait derrière elle our les cacher, accompagnait de gestes incroyablement burlesques, à force d'intentions dramatiques, exécrable chanson à laquelle les oreilles délicates ont û tant de tourments dans ces dernières années.

Les mêmes cris : « Assez ! assez ! » de plus en plus ombreux, interrompirent l'odieuse romance dès le econd couplet.

Le *Marquis de la Galoche* commença aussitôt l'explication de la lanterne magique, aux lunettes de la-uelle se pressèrent quelques curieux.

Sa lanterne comprenait une vingtaine de tableaux essinés et enluminés de la façon la plus comique.

On remarquait dans la quantité, savoir :

L'*image* inévitable de *mossieu le Soleil, de son pouse madame la Lune et de mesdemoiselles les Étoiles, eurs filles*, exécutée d'après nature, au dire du saltimbanque, par le célèbre M. Arago.

Le portrait véritable du *Juif-Errant*, que le *Marquis* avait eu l'honneur, disait-il, de rencontrer dans es nombreux voyages.

La superbe Tentation de Saint-Antoine, consistant n une feuille de papier blanc, où rien n'était tracé, nais où, selon le *Marquis*, un peintre de talent eût pu tracer beaucoup de belles choses, et notamment ladite Tentation ;

Une seconde feuille de papier blanc, à l'une des extrémités de laquelle on distinguait seulement la queue d'un dernier cheval qui fuyait, et vis-à-vis, à l'autre extrémité, la pointe menaçante d'une première baïonnette qui s'avançait. Ces deux objets opposés étaient censés représenter la grande bataille de Marengo : la baïonnette figurait l'armée française, et la queue de cheval indiquait l'armée ennemie;

Plusieurs cadres complétement veufs des *images* que l'incendie avait dévorées, mais dont le démonstrateur donna l'explication, ni plus ni moins que si ces merveilles de l'art eussent été présentes, en se servant, comme pour tout le reste, de la formule invariable: « *Ceci vous représente,* » etc.;

Une série de dessins, comprenant les *infortunes déplorables* de l'Enfant Prodigue. On le voyait dans l'un, par un étrange anachronisme, vêtu en fashionable du boulevard, assis devant une table de café, au milieu d'autres mauvais sujets de son espèce, et, le verre à la main, *sablant* un champagne excessivement mousseux. En revanche, on le voyait, dans l'autre, modestement vêtu de guenilles, expulsé à grands coups de palai de toutes les maisons où sa fortune seule, et non pas son mérite, l'avait fait accueillir avec amitié au temps de sa prospérité passée;

Enfin, par une de ces étranges profanations que les pareils du *Marquis* ne manquent jamais de se permettre, la lanterne magique offrait une suite de lithographies grossièrement coloriées, plus ou moins noircies par la fumée des chandelles, plus ou moins maculées de poussière, plus ou moins tachées de suif, plus ou moins rapiécées de bouts de papier blanc aux endroits les plus essentiels, et, comprenant, comme le disait le cicerone, en faisant sonner indéfiniment les *r*,

« la vie militaire, politique, civile, agronome et parti-
« culière du *grrrrrrrrrrrrand* Napoléon, de son vivant « *Empéreur des Frrrrrrrrrrrrancé*, roi d'Italie, et che-
« valier de la Légion d'honneur. » Cette série *développait* le Grand Homme depuis sa naissance jusqu'à sa *prétendue mort*, laquelle n'était qu'un faux bruit, répandu par le gouvernement, qui en avait peur; et elle se terminait par « l'apothéose qui lui a été décernée au « nom de la France par les auteurs de mélodrames, « au milieu des nuages, parmi ses braves maréchaux, « en présence de son vertueux valet de chambre, dans « les bras de son fidèle Bertrand, qui en pleurait de « joie; telle, en un mot, qu'elle a eu lieu au Cirque-
« Olympique à Paris, avec l'autorisation de la censure « et sous la surveillance de monsieur le commissaire « de police du quartier. »

Le *Marquis* se découvrit respectueusement à ces derniers mots, et salua, en bon citoyen, monsieur le commissaire de police absent.

Le saltimbanque allait poursuivre, mais le cri : *Assez!* fut poussé enfin par l'unanimité des spectateurs.

Il était clair que l'assistance désirait vivement l'exhibition des *Frères Siamois*, dont le *Marquis* avait annoncé la vue pour la clôture.

Jean-Paul et Petit-Jacques entendaient tout cela sous le grand drap qui les recouvrait encore. Il leur semblait même reconnaître les voix qui s'obstinaient à réclamer leur apparition, et cette circonstance bouleversait leur esprit. Ils étaient comme anéantis.

Cédant alors à l'impatience universelle, le *Marquis de la Galoche* s'approcha d'eux, et, de sa plus haute voix de charlatan, se mit en devoir de les *expliquer* à leur tour. Il se fit un silence solennel, qu'interrompirent seulement quelques rires étouffés.

« Et maintenant, Messieurs et Dames, s'écria le démonstrateur, nous allons passer à quelque chose de cent fois plus curieux que tout ce que nous avons eu l'honneur de vous offrir. Ceci vous représente les véritables *Frères Siamois*, superbes enfants que la nature, toujours ingénieuse, a ornés de deux bras seulement, de quatre jambes, d'un seul corps, de mauvaises têtes, mais d'un excellent cœur, j'aime à le croire. Ce phénomène étonnant et même assez remarquable, que le hasard m'a fait rencontrer dans mes nombreux voyages, est le seul et unique de son espèce qu'on possède en Europe. Si vous en êtes contents, faites-en part à vos amis et connaissances. Je recommande mes Siamois à la bienveillance de l'honorable société; ils la méritent à tous égards : ce sont à présent les meilleurs sujets de la troupe. »

En prononçant ces derniers mots, sur lesquels il appuya d'une manière toute particulière, il retira vivement le drap qui les cachait.

Vous ne pouvez imaginer le prodigieux effet que causa leur vue.

« C'est lui !...

— Ce sont eux !...

— Ah ! Dieu !...

— Dans quel état ! »

Telles furent les exclamations qui se croisèrent.

Nos héros comprirent aisément qu'ils étaient en pays de connaissance, et qu'on les avait devinés, malgré leur déguisement.

Ils voulurent s'enfuir, tant ils avaient de confusion; mais le moyen de faire un pas, emmaillottés comme ils l'étaient!

Ils baissèrent tristement la tête, sans oser regarder devant eux.

Pendant ce temps, une main amie les débarrassait, à grands coups de ciseaux, de leur grosque accoutrement, et bientôt ils se sentirent libres.

Ils s'enhardirent alors jusqu'à lever les yeux, et s premières personnes qu'ils aperçurent...

Ah! mes amis, pourquoi vous tiendrais-je plus ngtemps en peine?

CHAPITRE XX.

Une, deux, trois, quatre, cinq, six, sept, huit, neuf, dix, onze, douze reconnaissances. — Tableau de famille, sans aucune flamme de Bengale. — Festins et fêtes. — Ce que devinrent ensuite le *Marquis de la Galoche*, la *Reine des îles Salmigondis*, son auguste famille, Panouille, Jocko, *Bucéphale*, *Pur-Sang* et l'angora. — Explication d'une foule de ténébreux mystères. — Ce que c'était que le fantastique Géant. — Conclusion qui surprendra bien du monde : nos héros repentants se préparent des titres à la reconnaissance de leur patrie ! — Un dernier mot, celui de tout le vocabulaire qu'un auteur aime le mieux à écrire.

Après un moment de stupeur, Jean-Paul et Petit-cques éprouvèrent les émotions les plus contraires. s se sentaient entraînés vers leur famille par le re-ntir, en même temps que repoussés loin d'elle par tte fausse honte qui fait tant faire de sottises dans vie. Mais enfin, se laissant aller à l'impulsion de leur cœur, ils se précipitèrent du théâtre dans la salle, et se jetèrent tout en pleurs aux genoux de leurs parents.

Je n'essayerai pas de vous peindre cette scène touchante : il est des choses qu'on ne peut que sentir. Je me bornerais à dire de celles-là qu'elle fut palpitante d'intérêt, si la littérature contemporaine n'avait pas abusé de cette formule extrêmement commode.

La réconciliation fut complète. Nos deux étourdis se montrèrent si pleins d'horreur pour leurs fredaines passées, et ils firent de si consolantes promesses pour l'avenir, qu'il fallut bien leur pardonner.

« De ce moment et à ces conditions, dit M. Choppart, que tout soit oublié! N'êtes-vous pas de cet avis, papa Roquille? ajouta-t-il en donnant une poignée de main au père de Petit-Jacques.

— Soit! répondit ce dernier, que le fidèle Pataud accompagnait en remuant la queue en témoignage d'allégresse.

— Jean-Paul, reprit M. Choppart, embrassez votre mère, embrassez vos jeunes sœurs : vous le pouvez aujourd'hui; vous êtes, je l'espère, devenu par votre repentir digne de leur tendresse. Enfin, ajouta-t-il en s'adressant à tout son monde, ne pensons lus qu'à célébrer joyeusement le retour de nos *enfants rodigues.* »

La fête dura huit jours. Il n'y manqua qu'une hose : le veau gras qu'on tuait jadis en signe de éjouissance ; mais cette manière d'exprimer sa joie ppartient aux mœurs de l'antiquité. Les modernes s'y rennent autrement.

En revanche, ce qui ne contribua pas peu à l'agré-ent de cette réunion, ce fut la présence du père Rouille ; ce fut celle du respectable maire qui avait con-amné Jean-Paul au cachot, comme vagabond, dès début de son escapade ; ce fut celle du père François, meunier qui avait recueilli nos marins d'eau douce à suite de leur naufrage ; ce fut celle de la mère Fran-ois, femme si habile en ce qui concerne la soupe aux houx et le porc frais aux pommes de terre ; ce fut celle du propriétaire de la grange incendiée; ce fut celle de M. l'adjoint lui-même, que l'excellente cuisine de céans acheva de tirer de sa léthargie; en un mot, ce fut la présence de tous les personnages, y compris Pataud, qui avaient exercé quelque influence salutaire sur les destinées de Jean-Paul, pendant ce *grand voyage autour du monde* dont la durée n'avait pas dépassé la quinzaine, et dont l'étendue s'était bornée à une surface de dix lieues carrées.

Dans son plan de correction, M. Choppart avait toujours fini par se mettre en relation avec chacune de ces personnes, pour en tirer, non-seulement d'utiles avis, mais encore une secrète assistance. Il les avait toutes invitées, en témoignage de gratitude.

Jean-Paul ne pouvait donc faire un pas sans rencontrer quelque figure de connaissance. Son amour-propre en fut un peu froissé d'abord; mais la raison prit bientôt le dessus. Il finit par remercier tout le monde des bons offices, et même des profitables châtiments qu'il en avait reçus.

Le *Marquis de la Galoche* et ses compagnons ordinaires furent les seuls personnages de cette histoire qui ne prirent aucune part aux joies de l'honnête fa-

Ils se jetèrent aux genoux de leurs parents.

mille. On salarie les gens de cette espèce, on ne les remercie pas.

Après avoir reçu la somme convenue pour sa coopération dans le grand œuvre de la régénération morale des deux étourdis, le saltimbanque partit immédiatement avec sa bande, et se rendit à Paris, afin d'y recomposer son matériel d'une manière plus splendide que jamais, grâce aux largesses qu'il venait d'empocher.

Mais cela se passait à l'époque de rapace mémoire où le fléau de la commandite régnait sur la capitale en même temps que le choléra. Le *Marquis* jugea qu'il serait abusif d'aller chercher des badauds au village, quand la grande ville lui en offrait un si grand nombre. Il y fonda donc une société en commandite, sous la raison sociale : *Galoche et Compagnie*. Le but de l'entreprise était de servir de la musique à domicile, au moyen de tuyaux acoustiques. Ces tuyaux devaient avoir leur point de départ dans la voûte supérieure d'un édifice central où les meilleurs artistes exécuteraient un concert jour et nuit. De là, au moyen de tranchées souterraines pratiquées dans les rues, comme cela se fait pour le gaz, on devait faire arriver ces mêmes tuyaux dans l'intérieur des maisons, les faire monter d'étage en étage, et les faire aboutir dans l'appartement même de chaque abonné. Celui-ci, le matin, le soir, la nuit, pendant ses repas, durant sa digestion, à toute heure et au moindre caprice, eût tourné son robinet particulier, et se fût versé quelques airs dans l'oreille, comme on se verse de l'eau dans un vase en ouvrant une pompe. C'était merveilleusement imaginé. Le capital social fut fixé à un million. Le fondateur ne s'en adjugea que la moitié, pour prix de son idée; et quant aux actionnaires, ils devaient jouir d'immenses bénéfices, sans compter la reconnaissance nationale, qui ne pouvait leur manquer.

On conçoit que tant d'appâts réunis durent pêcher beaucoup d'amateurs dans ce fleuve de badauds qui inondait la Bourse de Paris.

Panouille, transformé en caissier, eut à recevoir des sommes assez considérables. Le chef de l'établissement avait placé deux gendarmes à cheval devant sa porte cochère, afin de mettre un peu d'ordre parmi les écus trop pressés. Cette mesure ingénieuse décida la vogue. La foule appelle la foule, et c'est surtout dans les endroits où il n'y a plus de places, que chacun en veut une.

Le *Marquis* et les siens menèrent alors un train de princes russes. Ils eurent hôtel, maison de campagne, habile cuisinier, nombreuse valetaille, somptueux équipage, beaucoup de chevaux, beaucoup de flatteurs, beaucoup d'admirateurs, et, comme tous les parvenus de leur espèce, ils se montrèrent fort insolents avec les gens honnêtes.

La *Reine des îles Salmigondis*, métamorphosée en grande dame, eut loge dans tous les théâtres, reçut chez elle une foule d'illustrations, et eut l'honneur de présider à toutes les modes nouvelles.

Les envieux (qui n'a pas les siens?) prétendirent qu'elle était soudoyée par des modistes pour propager leurs élégantes créations. Le fait s'est vu en France comme en Angleterre, de la part même de fort grandes dames et de très-grands seigneurs.

Quoi qu'il en soit, les plus âgées de ses filles furent alors recherchées en mariage par de soi-disant notabilités de la finance, de la politique, de la magistrature et de l'armée, qui, ne regardant qu'à la dot probable, trouvaient ces riches héritières parfaitement élevées, et surtout de première force comme danseuses et comme cantatrices.

Malheureusement pour ces demoiselles, la splendeur de leurs parents s'écroula bientôt, comme ces châteaux de cartes qui s'élèvent par enchantement sous une main habile, mais qui s'abîment de même au moindre choc. Le fonds social avait été dissipé en luxe, sans qu'un seul robinet acoustique eût été confectionné. Des actionnaires mal appris intentèrent un procès au spéculateur. Le *Marquis* s'éclipsa tout à coup, et fut condamné, par coutumace, à restituer l'argent qu'il n'avait plus. Toute sa bande se dispersa et rentra dans le néant, pareille à ces troupes d'oiseaux de proie que la présence du chasseur fait s'envoler dans toutes les directions.

A l'heure où nous écrivons ces lignes, la *Reine des îles Salmigondis* a abdiqué l'éventail de grande dame pour le cordon de simple portière, dans une vieille masure de la rue des Moineaux, après avoir vendu, endant quelque temps, des pommes de terre plus ou noins frites sur le Pont-Neuf, et avoir mangé peu à eu son fonds de commerce elle-même.

Ses grandes filles sont écuyères au Cirque, où, haque soir d'été, les amateurs de chevaux admirent tupidement leurs grâces et leurs talents équestres.

Les plus jeunes sont figurantes dans un petit héâtre.

Panouille exerce la profession de bâtonniste en lein air, exécute des moulinets à faire jaunir d'envie es tambours-maîtres de la garnison, jette sa canne à a hauteur de l'Obélisque, et, au moyen de cette nême canne, enlève de dessus son nez, par un rapide nouvement, les sous que les curieux y déposent our lui.

Enfin, le *Marquis de la Galoche* a quitté son in-rate patrie. Il s'est réfugié en Belgique, chez cette xcellente voisine, qui refuse nos meilleurs produits, nais qui n'a pas de douane pour nos filous.

Que si vous êtes curieux de connaître également a destinée des quadrupèdes qui ont figuré dans cette istoire, je m'empresse de vous satisfaire sur ce point, t vous rends grâce en leur nom de l'intérêt que vous eur portez.

Pataud continue de faire bonne garde autour des cerisiers du village.

Jocko, ce joli singe, qui répondait si bien aux taquineries par des coups de griffe, est tombé aux mains d'un de ces petits Auvergnats que le peuple désigne tous sous le nom de Savoyards. Son nouveau maître l'a habillé en général autrichien, et le promène dans les rues de Paris, sur le dos d'un caniche qui lui sert de monture. Le charmant animal s'arrête sous les fenêtres des curieux, leur ôte son chapeau emplumé, tire son petit sabre, fait le salut militaire, s'incline, exécute quelques grimaces, puis s'élançant, la sébile à la main, aux aspérités des façades, grimpe agilement jusqu'aux derniers étages pour demander la récompense que personne, à coup sûr, ne refuse à sa gentillesse.

Bucéphale et *Pur-Sang* n'ont encore gagné aucun prix aux courses du Champ de Mars à Paris. En attendant ce triomphe qui ne saurait leur manquer, les deux rossinantes sont entrées au service d'un entrepreneur de fiacres, et, il faut le dire, je ne pense pas qu'elles aient encore détruit le préjugé traditionnel qui accuse la lenteur de ces véhicules.

Quant au malheureux angora que nous avons laissé

dans sa prison d'osier, et sur l'avenir duquel vous avez tremblé sans doute avec moi, l'éphémère prospérité de son ravisseur le préserva heureusement du déplaisir d'être cuit en civet, sous prétexte de lièvre. Après avoir été flatté, lui aussi, par toutes les célébrités qui faisaient cortége à sa noble maîtresse, il partagea naturellement la mauvaise fortune de ses ravisseurs, comme il avait partagé leur splendeur fugitive. Vous pouvez le voir aujourd'hui, grave et mélancolique, comme un poëte incompris, sur l'avant-scène de

ce théâtre de Polichinelle qui s'élève aux Champs-Élysées, le long de l'avenue de droite, à mi-chemin de la barrière de l'Étoile. L'air triste et pensif qui le distingue dans cette nouvelle position sociale n'est que trop justifié, hélas! par les coups de bâton que la pauvre bête reçoit toute la journée, de Polichinelle, de sa femme, du diable et du commissaire.

Et maintenant, mes jeunes lecteurs, je m'attends à une question que vous me préparez sans doute depuis le commencement de cette histoire, et à laquelle je ne saurais échapper.

Qu'était-ce donc que ce Géant dont les mystérieuses démarches nous ont tant intrigués?

Eh! mon Dieu! rien de plus simple : c'était le concierge de la maison même où se passait cette dernière scène. M. Choppart l'avait acquise tout récemment, comme nous l'avons vu quelque part, et il y avait installé sa famille, le lendemain même de l'équipée de Jean-Paul.

Ne voulant point abandonner ce dernier aux funestes suites de la vie vagabonde où il s'était jeté dans son égarement, l'excellent père avait dépêché aussitôt ce nouveau, mais très-devoué et très-intelligent serviteur, avec mission de veiller secrètement sur lui, d'épier toutes ses démarches, de tenir sa famille au courant de tout ce qui arriverait, mais de ne ramener le fugitif que lorsqu'il aurait donné des preuves incontestables de résipiscence.

Tel est le secret de mille circonstances que, pas plus que vous, je n'avais pu m'expliquer jusqu'ici. Mais c'est toujours ainsi que se dévoilent les plus grands mystères. Persuadez-vous bien, mes amis, que le merveilleux n'est jamais que dans le faux-semblant les choses, et qu'il n'y a rien de plus simple au monde, que cela justement qui nous le paraît moins.

Du reste, comme l'avait pressenti le Géant, le repentir de nos héros était sincère. Ils l'ont prouvé depuis par leur do-cilité, leur bon cœur et leur zèle au travail.

Jean-Paul est à présent n quatrième, où il remportera ertainement le premier prix de version grecque.

Petit-Jacques, à qui l'état de gêne de son père ne permet pas les études de collége, est en apprentissage chez un confiseur, aux frais mêmes de M. Choppart.

Vous le voyez, ils sont en voie tous deux de devenir des citoyens vraiment utiles.

FIN.

TABLE

CHAPITRE I.

CHAPITRE II.

CHAPITRE III.

CHAPITRE IV.

CHAPITRE V.

CHAPITRE VI.

CHAPITRE VII.

CHAPITRE VIII.

CHAPITRE IX.

CHAPITRE X.

CHAPITRE XI.

CHAPITRE XII.

CHAPITRE XIII.

CHAPITRE XIV.

CHAPITRE XV.

CHAPITRE XVI.

CHAPITRE XVII.

CHAPITRE XVIII.

CHAPITRE XIX.

CHAPITRE XX.

PARIS. — J. CLAYE, IMPRIMEUR, RUE SAINT-BENOIT, 7

Typographie Lahure, rue de Fleurus, 9, à Paris.

www.ingramcontent.com/pod-product-compliance
Lightning Source LLC
LaVergne TN
LVHW010536100826
845148LV00001B/211

* 9 7 8 2 0 1 2 5 7 3 6 4 2 *